KB039016

국제 바칼로레아 교육연구소 시리즈 1

STUDENT AGENCY
IN THE CLASSROOM

Honoring Student Voice
in the Curriculum

교사와 함께 성장하는

학생 주도성

Margaret Vaughn 저

김영민 · 최 진 · 박소영 · 최윤성 공역

자기주도적 학습을 넘어
학생 행위주체성으로

학지사

Student Agency in the Classroom: Honoring Student Voice in the Curriculum
by Margaret Vaughn

3

추천사

학생 주도성이 교실을 살립니다.

4차 산업혁명과 디지털 대전환 등 급변하는 미래사회를 살아가는 데 필요한 핵심 역량은 '주도성'입니다. 학생들이 저마다 가진 성향과 동기에 기반하여 주도성을 발휘하며 행동할 수 있는 힘을 길러 주어야 합니다. 이를 위해서는 교사와 학생의 끊임없는 상호 협력, 학생의 교육적 요구를 바탕으로 교육과정을 유연하게 재설계하여 실행하는 노력, 교육공동체의 주도성을 높이기 위한 학교 관리자와 교육청의 지원이 무엇보다 중요합니다.

'배우는 것'이 '가르치는 것'보다 더 중요해지고 '학생'과 '학생 주도성'이 화두가 된 시기는 그리 오래되지 않았습니다. 이 책은 학생 주도성에 대한 이해와 실천을 갈망하는 선생님과 교육자들을 위한 구체적인 방향을 제시하고 있습니다. 학생들이 자신의 삶을 성찰하고 삶의 주체로서 살아갈 수 있는 힘을 키워 나가는 좋은 학습자를 기르는 길을 이 책에서 찾으시길 바랍니다.

대구광역시 교육감

강은희

'학습자'와 '세계' 사이, 거기서 학생 행위주체성이 형성됩니다.

이 책은 한편으로는 행동주의나 인지주의적 학습이론을 넘어서는 비고츠키 노선의 사회문화적 학습이론에 기대고, 다른 한편으로는 교과지식이 아닌 세계에 대한 학생의 관심과 문제에서 출발하는 프레이리 노선의 비판적 교육학의 교수이론에 기대고 있습니다. 나아가 전달이나 주입이 아닌 활동과 탐구, 협력을 중심으로 문제해결적 사고를 키우고자 하는 듀이의 경험중심 교육과정 철학에 기대어, 지식전달 교육 패러다임의 대안적 모델로서 학생의 행위주체성을 강조하는 교육 모델을 제시하고 있습니다.

· 오늘날 우리에게 자주 요청되는 교수-학습 모델은 '세계'만을 강조하거나 '학습자'만을 강조하는 모델이 아니라 이 둘을 의미 있는 방식으로 엮어 낼 수 있는 학습의 주체적 힘을 아이들에게 길러 주는 모델입니다. 이 책은 교사들이 이것을 어떻게 해낼 수 있는지를, 개념 차원에서부터 현실의 실천 차원에 이르기까지, 교실의 수업 현장에 실질적으로 함의를 주는 논의를 전개하며, 대안적 교수-학습 모델에서 교사의 행위주체성과 학생의 행위주체성이 어떻게 상호협력하고 또 협상할 수 있는지를 생생하게 보여 주고 있습니다. 새로운 교실과 수업을 꿈꾸는 교사교육자나 현장의 교사들에게 특별히 환영받을 만한 책이라고 생각합니다.

서울대학교 교육학과 교수
곽덕주

역자 서문

    이 책을 번역한 역자들은 각기 다른 영역에서 교육을 연구하고 실천해 온 이들입니다. 그럼에도 한자리에 모이게 된 것은 이 책에 제시된 주요 개념인 Student Agency에 대해 알아 가면서, 우리가 경험한 교육 실천을 돌아보며 나아가야 할 방향에 대하여 깊이 공감했기 때문입니다.

    이 공감은 그간 가지고 있던 생각을 깨는 것에서부터 시작되었습니다. 일반적으로 주도성과 관련하여 우리에게 익숙한 교육학 용어는 '자기주도적 학습'일 것입니다. 이때 자기주도적 학습은 대개 학생이 스스로 자신의 목적을 설정하고 과제를 선택하여 조직해 나가면서, 수동적인 자세가 아니라 능동적으로 자신의 학습에 주도권을 가지는 개념으로 이해됩니다. 그러나 우리가 새롭게 알게 된 주도성의 측면에 의하면, 이러한 생각은 반은 맞고 반은 틀린 것 같습니다. 왜냐하면 주도성은 고립된 개인에게서는 발현될 수 없는, 그 자신을 둘러싼 사람들 그리고 맥락과의 '관계' 속에서 비로소 시작될 수 있는 것이기 때문입니다.

    이처럼 개인과 사회의 관계를 주도성의 핵심에 놓는 인식의 변화는 현재 우리나라의 학계 및 현장에서도 확대되고 있습니다. 실제로 Student Agency에 대한 번역어는 '학생 주도성'에서 '학생 행위자성', 나아가 '학생 행위주체성'까지 다양하게 사용되고 있습니다. 다만, 그 용어가 무엇으로 사용되든 공통된 방향성은, 학생의 주체성을 더 이상 개인의 고정된 속성이 아니라 사회 및 세계와의 관계에서 조형되고 변화되는 것, 나아가 사회 또한 변화시키는 역동적인 것으로 간주하는 데 있습니다. 따라서 역자들은 Student Agency를 어떻게 번역하면 좋을지 적잖이 고민해 왔으나 이미 현장 교사들에게 익숙해진 주도성이라는 용어를 좀 더 확장적으로, 그리고 정확히 사용하는 데 기여하고자 '학생 주도성'이라는 번역어를 사용하기로 했습니다. 다만, 이 용어가 '자기주도적 학습'과 유사한 것으로 이해될 때, 자칫 개인의 선택권이나 경쟁력이 편향되게 강조될 것을 우려하여, 상황과 맥락 속에서 개인의 위치를 상기시키는 '학생 행위주체성'이라는 용어를 부제에 포함함으로써, '개인으로서의 학생'을 넘어 '관계적 맥락 안에 있는 학생'을 바라보게 되기를 희망하기로 했습니다.

이 책의 저자 마거릿 본은 주도성이 가지는 이러한 관계적 특성을 매우 민감하게 다루면서, 이 개념이 하나의 단일한 속성으로 언급될 수 없는 세 가지 차원, 즉 '성향적'이고 '동기적'이며 '위치적'인 차원이 복잡하고 내밀하게 얽힌 데서 논의될 수 있다고 제안합니다. 즉, 우리의 삶을 주체적으로 살아가는 문제는 단지 개인의 의지와 끈기가 있다면 가능한 것이 아니라, 보다 깊은 인간 삶에 대한 이해를 바탕으로 자신의 삶에 대한 지향성을 확립하고, 타인 및 세계와의 관계 속에서 자신의 위치를 객관적으로 지각하며, 그 위치를 협상하고 변화시킬 수 있는 힘을 가지는 데서 가능하다는 것입니다.

주도성에 대한 이러한 이해는 현재 우리나라 교육의 방향을 제시하는 국가 수준의 〈2022 개정 교육과정〉에서, 그리고 전 세계적으로 새로운 미래교육의 방향을 정향하기 위해 OECD가 발간한 〈OECD 2030(The Future of Education and Skills 2030)〉에서 모두 공명하고 있기에 매우 반가운 일이 아닐 수 없습니다. 국가 교육과정 체제는 예측할 수 없는 미래사회의 변화에 대응하여 실질적 삶을 이끌어 갈 수 있는 내적 힘을 강조하며 주도성 개념을 강조하고 있고, OECD에서도 초연결사회에 조응할 변혁적이고 유연한 주체에게 필요한 것이 바로 협력적 주체성(Co-agency)이며, 이를 위해 예측하고, 행위하며, 성찰할 수 있는 학생 주도성 개념을 강조하고 있기 때문입니다.

이러한 방향성에 대해 큰 무리 없이 동의할 수 있다고 하더라도 그 논의가 다소 추상적이고 거시적으로 느껴지는 것은 사실입니다. 그런데 이 책의 저자 마거릿 본은 학생 주도성의 발현을 위한 구체적인 실천 방안은 무엇인지 자신의 경험과 연구를 바탕으로 실질적인 사례와 방법을 제시해 줍니다. 물론 그녀의 제안과 방안이 모두 옳다거나 정답이라고 말하려는 것은 아니지만, 우리에게 생생한 사례들로 다가오며 울림 있는 영감을 줄 수 있을 것으로 보입니다. 예컨대, 그녀는 우리가 교실에서 모든 학생의 목소리를 존중해야 한다고 원칙적으로 알고 있지만, 정작 '들리는 목소리'로 인정한 것은 '똑똑한' 학생들의 것만은 아니었는지 직설적으로 질문해 옵니다. 실제로 돌아보면 '똑똑함' 혹은 '학업 성취도'가 우리가 겪어 온 그간의 교육경험에서, 그리고 오늘날 우리가 가르치고 있는 교육의 장에서 여전히 누군가의 주체적인 감각을 형성하고 있는 다소 단일하고 인위적인 기준은 아니었을지 진지하게 생각해 볼 일입니다.

또 한 가지 이 책을 통해 얻게 된 중요한 통찰 중 하나는, 학생이 주도성에 대한 감각을 형성하기 위해서는 그러한 기회를 제공할 수 있는 교사의 신념과 역할이 필수적으로 요청된다는 사실입니다. 일반적으로 학생이 주인이 되는 수업에서 교사는 촉진자가 되어야 한다고 권장됩니다. 그러나 이때 촉진자는 소극적인 도움을 주는 것을 넘어, 학생이 처한 현실과 그들의 관심에 반응적인 방식으로 수업을 구조화하고 기획하는 역할을 해야 함이 책 전반을 통해 반복적으로 강조되고 있습니다. 이는 국가 교육과정을 벗어난 별개의 수업이 행해져야 한다는 것이 아니라, 교사 자신이 만나고 있는 '지금 여기'의 학생들, 그리고 시공간적 맥락을 토대로 교육과정이 어떻게 재구성되어야 하는지에 관한 묵직한 과제를 던지는 것이기도 합니다.

이처럼 변화와 혁신이 요구되는 교육현장에서 가장 무거운 짐은, 어쩌면 늘 교사에게 지어지는지도 모르겠습니다. 그러나 언제나 교육의 새로운 방향에 대해 탐색하는 작업이 지금까지 우리 교육현장에서 아이들을 키워 온 교사들의 노고를 사소하게 여기기 때문이 아님을 이 서문을 빌려 밝히고 싶습니다. 아마도 현장에서 묵묵히 더 나은 수업을 위해 애쓰고 계시는 모든 선생님은 이 책에서 말하는 아이들의 변화가 어떤 것인지 누구보다 공감하시리라 믿습니다. 누구나 존중받고 인정받고 싶은 아이들의 욕망을 그냥 지나치지 않고, 어떻게 그러한 욕망을 더 나은 방식으로 발현하고 충족시키는 방식을 수업을 통해 가르쳐 줄 것인가에 늘 마음 써 왔음을, 그리고 그러한 아이들이 써 나가는 각자의 삶에 대한 서사들이 선생님들의 보람이자 기쁨이라는 것을 저희 역자들은 알고 있습니다.

 물론 이 책의 독자를 교사로 한정하며 작업을 한 것은 아닙니다. 학계를 넘어, 학생 주도성에 관심이 있는 보다 폭넓은 층으로 독자를 상정하며 간혹 설명이 필요하다고 판단되는 곳에는 간략하게나마 이해를 돕고자 역자 주를 달았습니다. 마지막으로, 이 책에 번역의 오류가 있다면 전적으로 역자들이 부족한 탓이지만, 함께 고민하고 연구하는 마음으로 같이 더듬어 책의 내용을 짐작하고 이해해 주시길 감히 요청드려 봅니다.

2023년
역자 일동

마거릿 본(Margaret Vaughn)은 이 책을 통해 독자들이 학생 주도
성에 관해 명확하고 유용한 지식을 얻고, 영감을 가지도록 돕는다.
본의 책을 읽는 동안 우리는 학습에서 학생 주도성이 얼마나 중요한
지를 생각해 볼 수 있다. 나는 이 책을 통해 주도성을 가진 학생들을
지속적으로 살펴보고, 학생의 주도성과 반응적인 교사(responsive
teacher), 그리고 이 책이 가지는 중요성에 대해 말하고자 한다.

본은 모든 아이가 주도성을 가지는 능력, 즉 자신의 삶에서 스스
로 행동하고 영향력을 미칠 수 있는 능력이 있다는 점에 주목한다.
하지만 그녀가 지적했듯이 주도성은 단순히 개인의 문제 또는 탈
맥락적인 문제는 아니다. 지역이나 주 정부의 교육적 요구에 따라
많은 교실에서 학생들은 자신의 삶에 중요한 무엇인가를 성취하기
위해 적극적인 지식의 창출이나 활용보다는 수동적인 지식 수용자
의 위치에서 학습하는 경우가 흔하다. 이와는 대조적으로 본은 자
신이 알고 있는 주도성 높은 반응적 교사에 주목했다. 본이 살펴본
반응적 교사는 학생이 가진 목소리와 비전을 통합한 교육과정을
계획하고 교실에서 실천하고 있었다.

반응적 교수–학습을 설명하고 복잡함을 이해하기 위해, 메(Mae)

라는 이름의 4학년 학생에 대한 본의 이야기를 떠올려 보길 바란다. 메는 학교 식당에서 음식이 낭비되고 있다는 것을 알아차리고 놀랐다. 이 때문에 학교 식당을 위한 음식 재활용 계획을 생각했고, 이를 실천하기 위해 담임선생님의 허락을 받았다. 책을 읽는 동안 여러분은 메의 아이디어가 어떻게 교실뿐 아니라 학교에서 많은 아이의 생각과 보태지며 발전해 나가는지 알 수 있을 것이다. 교장 선생님은 메의 계획이 실현되기 위해서는 최종결정권을 가진 학생회의 승인을 얻어야 한다고 말씀하셨지만 아쉽게도 그 계획은 학생회의 승인을 얻지 못했다. 장애물이 있었지만 메는 자신과 자신의 아이디어를 믿고 지원해 준 교사 덕분에 끈기 있게 학생회 회원을 만나 아이디어를 이해시키는 경험을 하였다. 이러한 일련의 과정에서 메는 사회 변화에 수반되는 정치적 활동을 경험하고 학습하게 되었다.

우리가 주목해야 할 부분은 메가 교실에서 가진 위치는 메가 스스로를 믿고 행동할 수 있는 근거가 되었다는 것이다. 메는 컴퓨터 기반의 읽기 시험에서 '높은 점수'를 얻었고, 영재 프로그램에 입학했으며, 교사가 추천한 유치원 도우미 그룹으로 활동하면서 다른 사람들에게 우수하다고 인식되어 온 자신의 능력을 증명할 수 있었다. 하지만 같은 반 친구인 제임스는 '문제아'로 낙인 찍혀 있어 자신의 강점을 드러낼 기회가 없었다. 본은 제임스가 교실에서 가진 위치를 생각해 볼 때 그가 자신의 아이디어를 낼 수 있는 자신감을 가졌는지, 그리고 만약 제임스가 아이디어를 제안한다면 교실에서 어떻게 받아들여질지에 대해 의문을 가졌다.

본은 학생들이 자신의 관심사를 추구하며 학습하는 데 있어서 동등한 지지를 받지 못하며, 그 결과 교실과 학교에서 학생들이 가진 사회적, 문화적, 언어적 자원을 활용할 기회를 잃게 된다는 점을 실례를 들어 가며 보여 준다. 이러한 피해는 소수 집단의 학생들에게 가장 크게 나타난다. 왜냐하면 학교에서는 전통적으로 소수 집단의 학생들을 잠재적인 학습 '장애'가 있는 '다른 사람들'로 취급해 왔기 때문이다. 이것이 학생 주도성에 있어서 다문화 등 소수 집단으로 인식된 학생들에게 문제가 되는 결과를 초래한다고 지적한다.

이와 같은 본의 비판적인 언급은 내가 가르쳤던 2학년 학생인 타본(Ta'Von)을 떠올리게 했다(Dyson, 2021). 타본은 유치원 때부터 또래 친구들과의 세계에서 자신의 위치를 협상할 수밖에 없었다. 백인 중산층이 다수인 학교에서 외향적인 성향의 흑인아이가 학교를 다니는 것이 쉬운 일은 아니었다. 타본은 2학년 때 블루스를 접하면서 빅 마마 손튼(Big Mama Thornton)과 머디 워터스(Muddy Waters)와 같은 유명한 블루스 기타리스트와 가수들에 대해 학습한 결과를 일기를 통해 자세히 적었다. 타본은 블루스도 부를 수 있었고 가사를 떠올려 종이에 적으면서 작은 소리로 계속 노래를 불렀다. 블루스에 대한 그의 지식과 노하우는 논픽션을 포함한 다양한 장르의 글의 특징을 배우는 2학년 성취 목표에 도달했을 뿐 아니라, 타본이 흑인 언어에 대한 지식을 바탕으로 쓴 블루스 가사는 성취 목표를 확장할 학습 기회로 연결될 수 있었다. 타본은 학교보다는 교회와 할머니로부터 그의 음악적 동기와 음악 학습을 할 수 있는 열정에 대한 지지를 받았다. 하지만 담임선생님은 교장 선생님과 지역 교육청에 제출해야 하는 언어 교과서의 과제와 시험에 더 큰 관심을 가졌다. 이 과정에서 타본의 선생님과 친구들은 블루스라는 장르에 대한 타본의 지식과 노하우를 경험하고 학습할 기회를 놓쳤다.

뛰어난 전문가이자 잠재적 주도성을 가진 선생님, 그리고 본은 이 책에서 유치원부터 고등학교까지 학생 주도성을 높이는 창의적인 접근 방법의 다양한 사례를 보여 주고 있다. 그러나 많은 교사가 타본의 사례처럼 교실에서 학생이 가진 위치적 제약에 얽매여 있다고 느낀다. 우리는 이 책을 통해 중학교 환경과학 교사 타미(Tammi)와 고등학교 사회교사 레스(Les)가 주도성을 개발하도록 격려하는 상호작용적 교실을 어떻게 만들어 가고 있는지 살펴보았다. 그것은 학생이 역사를 새롭게 생각하도록 돕고, 현재의 문제를 해결하기 위한 행동을 독려하며, 더 나은 미래를 위해 노력할 수 있도록 주도성에 대한 감각을 발달시키는 과정을 통해 가능했다. 하지만 두 선생님 또한 학생이 읽기와 수학 시험을 잘 준비할 수 있기 위해서 자신의 교육적 비전을 버리도록 강요당했다.

본의 책은 오늘날과 같은 신자유주의 시대에 특히 중요하다. 오늘날 교육은 상품화되었고, 표준화된 시험 점수에 의해 측정되며, 의무에 가까운 교과서 기반의 교육과정에 의존한다.

이 책에서 본은 교사이자 연구자로서 자신의 풍부한 경험을 통해 학생 주도성의 다차원적 측면을 우리에게 생생하게 설명하고 실제 사례를 보여 주고 있다. 또한 초등학교부터 중학교, 고등학교까지 교사가 학생의 주도성을 개발하고 지원하기 위해 다양하고 독특한 접근 방식을 취하면서 학생의 학업 및 사회정서적 학습을 향상시키는 사례를 생생하게 보여 주었다. 이 책은 교사, 관리자, 교육전문직, 시도 및 국가 기관의 교육정책을 결정하는 모든 교육

자가 우리 학생이 마땅히 누려야 할 교육 환경을 조성하는 데 꼭 필
요한 도움을 줄 수 있을 것이다.

－앤 하스 다이슨(Anne Haas Dyson)[1]

REFERENCE

Dyson, A. H. (2021). *Writing the schoolhouse blues: Literacy, equity, and belonging in a child's early schooling.* Teachers College Press.

---

[1] 일리노이 주립 대학교 교수이며 주 연구분야는 문해력, 교육학, 어린 시절 문화이다.

차례

1부 학생 주도성이란 무엇인가

1장 학생 주도성 탐색 · 41

2부 학생 주도성을 어떻게 기를 것인가

$$\text{들어가며}$$

이 책의 영감은 내가 아이들을 처음으로 가르쳤던 그해 일 년 동안 가지게 된 특별한 경험에서 비롯되었다. 그것은 'Bush hog'라는 말을 자기의 일기에 쓴 여섯 살짜리 잭슨(Jackson)이라는 수줍음 많은 아이와 함께 학교에서 지내는 동안 벌어진 일이었다. 나는 당시 Bush hog가 무엇인지 몰랐고, 그래서 아주 호기심 가득한 얼굴로 "그건 무엇을 먹니? 나한테 그것에 대해 더 얘기해 줄래?" 하고 잭슨에게 물었다. 잭슨은 어깨를 으쓱하더니 거의 들리지 않을 정도로 뭐라고 속삭였다. 그러더니 며칠 후 "Bush hog는 아무것도 먹지 않아요. 그건 농사 기구예요!"라고 큰 소리로 말했다. 우리는 둘 다 크게 웃었고, 나는 농사에 관해 거의 아는 것이 없다고 고백하지 않을 수 없었다. 이후 부임한 지 얼마 되지 않은 신규교사로서 나는 그간 본 적 없는 신기한 일을 경험했다. 수줍음 많던 잭슨이 갑자기 반을 이끄는 리더가 된 것이다. 내가 농장에 대해 배울 것이 많았기 때문에 잭슨은 우리가 토론할 주제로서 농업에 관련된 것들을 중요한 주제로 생각해 낸 것 같았다. 그때부터 잭슨은 글을 쓰거나 그림을 그려야 할 시간이 되면, 농장 생활에 관한 챕터북을 만들었고 그것을 반 친구들에게 소리 내어 읽어 주곤 했다.

그로부터 몇 년 후 박사과정에서 공부하기 전까지, 나는 이처럼 순종적이고 내성적이던 잭슨이 무언가에 완전히 몰입하고 흥분해서 자신의 학습을 주도할 정도로 변화한 것을 무엇이라고 이름 붙여야 할지 알지 못했다. 그런데 연구자들에 따르면 나의 학생이 발전시킨 이 경험은, 학생의 열망, 능력, 그리고 자신의 행위 과정을 결정하는 힘을 가리키는 **주도성**(agency)[1]이라고 명명될 수 있었다. 이때 주도성은 자신의 학습 목표, 공부할 주제, 전개할 활동, 그리고 거기에 필요한 수단을 선택하는 것을 의미할 수도 있을 것이다.

주도성에 대한 연구는 학교 안팎에서 이루어지고 있다. 도로시 홀랜드와 그의 동료들(Dorothy Holland et al., 2001), 그리고 앤 하스 다이슨(Anne Has Dyson, 1986, 1997, 2003, 2020)은 각각 정체성과 주도성의 관계, 그리고 학교에서 아이들이 형성하는 학생 주도성에 관해 연구를 수행하는 대표적인 학자들이다. 먼저, 홀랜드는 주도성이 어떻게 우리 삶의 영향력 있는 상호작용을 가능하게 하는지에 관한 설득력 있는 아이디어를 제시한다. 이러한 그의 논의는 한 사람의 개인으로서 내가 누구인지 형성해 갈 때 주도성이 중요한 역할을 할 수 있다는 주장에 대한 납득할 만한 근거가 되고 있다. 이어 다이슨은 주도성과 관련한 아이들의 역할을 강조한다. 그

---

1 여기서 주도성(agency)으로 번역하여 사용하는 용어는 현재 우리나라 학자들에게 '행위자 주체성', '행위자성' 등 다양하게 번역되어 활용되고 있다. 이 개념은 사회학적 용어로, agency 개념에 대해 심도 있는 연구를 해 온 사회학자 마거릿 아처(Margaret Archer, 2000)는 자아가 시간의 흐름 속에 자신을 이해하고 사회적 지위를 인식해 가며 어떻게 사회에 자리매김할 것인지 협상하고 분투하는 사회적 자아의 역동과 성장을 설명하기 위해 이 개념을 사용한다.

녀는 주도성 형성의 기회를 제공하기 위하여 교실에서 일어나는 일들이 어떻게 아이들에 의해 재구성되어야 하는지에 관한 중요한 연구를 수행하고 있다. 우리는 그 연구를 통하여 학생 주도성이 실제로 관찰될 수 있다는 것, 그리하여 교사와 학생 모두가 교실에서 서로 발전해 나간다는 것을 이해하게 해 주는 하나의 유용한 렌즈임을 알게 된다. 다이슨(Dyson, 1984)이 잘 표현한 것처럼, 주도성은 아이들이 "과제를 해석하고, (어떤 경우에 무엇을 해야 하는지에 대한 결정을) 매우 다른 방식으로 내림"으로써 함양된다(p. 235). 그러므로 학생 주도성은 학생이 자신의 학습에 책임감을 느낄 수 있는 곳인 학교에서, 학습 맥락을 만드는 방법을 이해하는 데 사용될 수 있는 의미 있는 렌즈라고 할 수 있다.

　담임교사의 입장에서 볼 때 주도성은 수업에 핵심적인 것이라고 할 수 있다. 내가 초등교사로서 실행했던 한 연구(Vaughn & Faircloth, 2013)에서 나는 학생들이 종종 부과된 과제의 방향을 바꾸어 자신의 흥미 혹은 삶과 관련한 활동에 참여할 수 있는 학습과제로 재구성하는 것을 발견하였다.

　실제로 내가 담당했던 학생들은 개별과제로 기획된 교실 활동을 하면서 친구들과 연극을 만들었고, 수학 문제를 푸는 훈련 대신 포스터를 만들었으며, 조용히 독서 활동을 하면서도 그들이 만든 책에 대해 친구들을 인터뷰하는 등 꽤 정교화된 방식으로 주도성을 발휘했다. 이처럼 교실 수업에서 매우 중요하지만 이해하기 어려운 학생 주도성 개념을 살펴보기 위해 이 연구를 시작했을 때 내가 발견하게 된 것은, 교실에서의 실천과 이론 사이에는 다소 큰 괴리가 있다는 것이었다. 예컨대, 학생 주도성을 지원할 수 있는 명백한 기회가 존재했음에도 불구하고 그러한 가치 있는 순간이 간과된 상황을 생각해 보자. 버크너(Buckner) 선생님은 4학년 학생들에게 주요 주제의 개념에 대한 학습지의 답을 채우려면 어떻게 해야 하는지 세부적인 지시사항을 설명하고 있었다. 학생들은 그 과정에서 모든 학군 지역에 의자 대신에 바운스볼을 사용하는 것은 어떤지 권유하는 구절을 읽게 된다. 그런데 그 구절을 읽은 뒤, 갑자기 메이디(Madie)라는 학생이 손을 들더니 선생님과 친구들에게 다음과 같이 묻는다. "우리가 무언가 할 수 있지 않을까요? 교장 선생님께 이것에 대해 말하면 어떨까요?" 그러나 버크너 선생님은 그 질문들에 응하는 대신 그 학습지를 완성하라고 반 아이들에게 다시 지시한다. 메이디는 다시 손을 들고 말한다. "하지만 버크너 선생님, 저는 기금모금을 할 수 있는 전문가 중 좋은 분을 알고 있어요. 우리는 교장 선생님께 바운스볼에 앉는 것이 어떨지 물어볼 수 있을 거예요. 만일 그렇게 할 수 있다면, 우리는 충분한 돈을 얻을 수 있을 거고, 제 생각에 우리 반뿐만 아니라 다른 4학년 친구들을 위한 것들도 얻을 수 있을 거예요." 그러나 버크너 선생님은 여전히 메이디의 말에 응답하지 않고 다시 학생들에게 학습지를 완성하도록 지시할 뿐이다.

이 상황은 우리로 하여금, 학생의 탐구를 발전시켜 나가고 학생 주도성을 증진시킬 수 있는 기회가 교사들에게 어떤 순간들로 다가오는지 성찰하게 한다(Vaughn, 2014). 존스턴(Johnston, 2004)은 이러한 상황에서 교사가 학생들이 주도적인 이야기를 형성해 나갈 수 있도록 도울 수 있는 대화에 대해 논의한다. 메이디와 같은 학생들이 있다면, 자신의 제안을 말하고 다른 사람들의 반응을 유도하면서 교실에서 여러 상호작용을 만들어 내고 학습 경험을 더 풍부하게 할 수 있을 것이다. 그리고 이런 순간에 버크너와 같은 교사는 학생의 아이디어를 발전시키고 다른 학생들과 학습 결과를 공동으로 만들어 내도록 기회를 제공할 수 있을 것이다. 그리하여 궁극적으로 학생 주도성과 자기만의 학습에 관한 주인의식(ownership)을 지원할 수 있을 것이다.

　그러나 버크너 선생님은 메이디의 아이디어와 주도성을 발전시킬 기회를 잡을 수 있었음에도 불구하고 메이디에게 다시 학습지를 완성하라고 지시할 뿐이었다. 불행히도 학생 주도성을 포착할 수 있는 이러한 기회들은, 많은 교실에서 선생님에 의해 간과되거나 묵살되고 있다. 왜 그럴까? 아마도 버크너 선생님이 학생 주도성을 발전시킬 기회를 잡을 수 없었던 한 가지 이유는, 주도성이 예비교사 양성 과정이나 전문성 연수 과정에서 구체적인 방식으로 논의되기에 어려운 종류의 것이기 때문일 수 있다. 혹은 버크너 선생님을 비롯한 전 세계의 많은 교육자가 강도 높은 평가와 의무교육과정을 수행해야 하는 제약 속에서 자신의 일을 해야 하기 때문일 것이다. 이러한 제한은 교사가 학생의 요구를 잘 충족시킬 수 있는 방식으로 교육과정을 적용할 수 있는 능력을 발휘하지 못하도록 막는다(Hoffman & Duffy, 2016; Ravitch, 2010; Vaughn, 2019). 그리하여 불행하게도 오늘날의 교육 풍토에서 교사는 교사로서의 전문적인 주도성을 가지기 어려운 위치에 놓여 있다.

　　교사 전문성 담론은 교사들의 직업적 환경 안에서 그들이 가지는 위치 때문에 대부분 답보 상태이며, 그들의 주도성(또는 주도성의 결핍)은 종종 그들이 어쩔 수 없는 요소들, 즉 그들의 통제에서 벗어난 요소들에 의해 크게 영향을 받는다(Biesta et al., 2015, p. 629).

사실, 2001년 「No Child Left Behind(아동 낙오 방지법: 이하 NCLB)」[2]와 같은 교육 개혁 이후로, 교육과정을 표준화하려는 노력이 계속되어 왔다. 이것은 교사가 그들의 수업에서 학생의 탐구와 관심을 적용하고 형성해 나갈 수 있는 노력을 지속적으로 제한시켜 왔다는 것을 의미한다(Botzakis et al., 2014). 오(Au, 2007)는 교직 및 책무성과 관련한 개혁적 움직임이 얼마나 심각한 결함이 있는지에 대하여, 교사가 시험을 보지 않는 교과목에 관심을 두지 않고 그 과목과 관련한 능력을 발휘하게 되지 않는다는 점, 나아가 학생 중심의 학습 접근보다는 교사 중심의 접근을 강조하게 된다는 점을 지적한다.

마다 등(Madda et al., 2011)은 "삶을 다루기보다는 학교 자체를 다룬다."라고 표현될 수 있을 만큼, 교사들이 비현실적인 과업만을 수행하는 수업을 하도록 매우 자주 압박을 받는다고 주장한다(p. 44).

---

2 2002년 교육혁신을 선언하면서 들어선 부시 행정부가 1990년대의 미국 내 현저히 감소된 학업 성취도를 염려하며 제정한 법안으로, 유치원에서 고등학교까지 이르는 미국의 공교육에 대한 연방 교육법으로 실행되었다. 이 법의 주요 목적은 각 주가 지정한 성취기준을 만족시켜 모든 학생을 보호하기 위한 것이라고 제시되었으며, 모국어가 영어가 아닌 학생, 그리고 장애를 가진 학생 모두가 주 정부 평가법에 따라 평가받을 것이 요구되었다. 학생들은 읽기와 수학 시험, 과학 시험 등을 주기적으로 치르고 여기서 '연간 적정 학업 성취도(Adequate Yearly Progress: AYP)'를 달성하지 못하면 해당 학교는 연방정부의 재정지원 삭감, 심하게는 교사 해고 등과 같은 심각한 제재를 받게 되었다.

결과적으로 학생 주도성은 교육과정 중에는 사실상 존재하지 않게 되며, 학생 주도성을 함양할 수 있는 기회는 상실되고 있고, 과제는 종종 "실제적이지 않고, 비현실적이며, 암시적이어서 우리가 발 딛고 사는 이 세계에 참여하는 데 별로 유용하지 않은 것들"로 가르쳐진다(Pearson et al., 2007, p. 36).

그러나 주도성은 교실 활동과 같은 의도적인 차원보다 학생의 정체성과 배경, 문화와 언어 능력, 그리고 그들의 관심을 지지한다는 점에서 더 중요하다. 특별히 학교교육 맥락에서 볼 때 학생 주도성은 "학생이 아이디어와 지향을 가지고 학습 맥락에서 영향력을 발휘하며 행동을 취할 수 있는 능력"(Vaughn, 2018, p. 6)이라고 이해할 수 있으며, 이러한 주도권을 존중하는 능력이라고 할 수 있다. 그러므로 학생이 주도성에 대한 감각을 발휘할 수 있을 때, 훨씬 더 학습에 잘 참여할 수 있을 것이며, 자신의 학습을 책임지려는 주도권을 가질 수 있을 것이다. 그리하여 단순히 학습과제를 하는 수준을 넘어 능동적인 학습자의 지위를 획득하는 방향으로 나아갈 수 있을 것이다(Brown, 2020; Gutstein, 2007; Johnston, 2004; Vaughn, 2020).

학습의 본질을 향한 방향성

사실 수업이 진행되는 동안 학생 주도성이 발휘되는지 그렇지 않은지에 대해 평가하는 것은, 우리가 학습의 본질(nature of learning)을 무엇으로 보고 있는가와 같은 핵심적 전제에 닿아 있는 문제이다. 예컨대, 지식 전수가 중요하다고 생각하는 학습 이론에서는 교사가 학생에게 지식을 전달하는 방식의 학습 맥락을 지향한다 (Doyle, 1983; Winne & Marx, 1982). 이처럼 전수를 중시하는 교수 관점에서 권장되는 것은 교사 중심의 수업과 기술 및 훈련에 대한 강조이며, 여기서는 학생의 수동성이 요청된다(Alvermann, 2001). 그러나 학습을 학생이 참여하는 복잡한 장(complex site)으로 간주하는 관점은 다르다. 이 상황에서 학생은 자신의 세계나 학교, 그리고 학습을 알아 가는 방식으로 세계에 직접 질문을 던지면서 의미를 만들어 나가게 된다. 그러므로 학생 주도성은 이러한 교실 상황에서 결정적인 것이 된다. 이처럼 주도성은 사회적으로 매개되는 것이며 구성되는 것이라고 할 수 있다. 그리하여 그것은 "권력 관계에 내재되어 있는 우리 자신, 정체성, 활동, 관계, 문화적 도구와 자원, 그리고 역사를 전략적으로 만들고 재구성하는 것이다"(Lewis et al., 2007, p. 18).

사회적 맥락

교실과 같은 복잡한 사회적 맥락 안에서 주도성을 이해하기 위해서는, 학습 사건(learning events)[3]이 일어나는 동안 개인이 스스

---

3 이 책에서 자주 사용되는 용어인 '학습 사건(learning events)'은 후기 구조주의 철학에서 논의되는 '사건'의 의미와 더불어 이해될 필요가 있다. 여기서 사건이란 인간의 의도와 주관에 의해 우리 주변의 일이 결정된다기보다는 인간이 통제할 수 없는 여러 사물의 접속에 의해 많은 일이 일어나고 거기서 의미가 발생할 수 있다

로 어떤 위치(position)[4]를 취하기도 하지만 그들의 위치가 맥락
적으로 정해지기도 한다는 점을 인식해야 한다. 주도성은 "공허
하고 빈 땅에서는 발생하지 않는 사회적 사건이다"(van Lier, 2008,
p. 163). 주도성에 대한 이러한 사회적 관점(social view)은 개인이
자신의 주도성과 관련하여 교실과 같은 복잡한 사회적 환경에 반
응하고 상호작용하는 방식을 강조한다. 예를 들어, 교실에서 학생
은 ① 독립적으로 혹은 또래 친구들과, ② 한 반이 되어, ③ 특수한
상황으로 제시되는 사회적 변화에 반응하는 방식으로, 혹은 반대
하는 방식으로 행위할 수 있다. 이와 같은 주도성의 프레임 안에서
학습을 복잡한 것으로 볼 때 교사는 교실에서의 기회들을 구조화
하면서 학생 주도성을 위한 잠재력을 발휘할 수 있도록 돕는 중요
한 존재가 되어야 한다. 예컨대, 샤마(Sharma, 2008)는 교사가 교육
과정에서 학생을 위한 공간을 만들어 낼 수 있을 때, "의미 있는 학
습을 위한 풍부한 가능성"이 생성된다고 말한다(p. 297). 학생에게
의미 있는 과제와 진정성 있는 삶, 그리고 그들의 관심을 포함하도
록 교육과정을 구조화함으로써, 학생은 점차 학습에 흥미를 느끼

는 관점에서 이해된다. 이렇게 볼 때 학습 사건 또한 고립된 개인이 자기주도하에
학습을 해 나가는 것이 아닌 주변 환경과 상호작용하면서 예상치 못한 방식으로
의미를 발견하고 경험해 나가는 것으로 이해될 수 있다.

4 여기서 '위치'란 공동체와의 관계 속에서 개인이 어떻게 자리매김하고 있는지를
표현하는 말로, 주도성이 개인적 차원에서 획득할 수 있는 문제가 아니라 개인을
둘러싼 관계 속에서 영향을 주고받으며 형성될 수 있다는 점을 나타내기 위한 용
어로서 이 책에서 매우 중요하게 다루어지는 개념이다. 이 책의 4장에서 주도성
을 이루는 주요한 한 가지 차원으로서 위치성(positionality)에 대한 논의가 전개
된다.

게 되고 몰입하게 된다(Cavagnetto et al., 2020; Hatt & Urrieta, 2020). 그리하여 결과적으로 학생들은 다이슨(Dyson, 2020)이 "매우 엄격한 교육과정"(p. 119)이라고 부르는 범위 내에서, 질문하고, 도전하며, 궁극적으로 자신의 위치를 협상하는 과정에서 주도성을 더 용이하게 발전시키게 될 것이다.

주도성을 형성하는 기본적인 단계는 학습을 무엇으로 간주하는지, 그리고 교육과정을 어떻게 형성하고 구조화할 것인지에 대한 방식으로부터 비롯될 수 있다. 퍼셀-게이츠 등(Purcell-Gates et al., 2007)은 학생들이 교육과정에 참여하는 방식에서 학습과제와 활동이 어떻게 영향을 미치고 인상을 남기는지에 대해 주목한다. 유사한 맥락에서 기소(Ghiso, 2011)는, 1학년 학생이 자신이 중요하다고 생각하고 삶과 관련한 실제적인 과제에 참여함으로써 스스로 학습을 이끌게 된다는 것을 발견하였다. 학생들은 역사상 인권 운동의 중요한 인물들이 등장할 때 가족의 경험과 관련시켜 복잡한 이야기들을 써 내려갔다. 그렇게 함으로써 그들은 그 수업에 능동적으로 참여하고 스스로 방향을 설정함으로써 주도성의 감각을 형성해 나갔다. 이 수업에서 교사는 학생들이 1학년임에도 불구하고 자신의 세계를 교실로 가져오고 있음을 깨달았다.

학생들은 자신들의 과업에 대한 어젠다(agenda)를 스스로 설정할 수 있었다. 글쓰기를 할 때는 무언가 특징을 드러내 보이는 것에 주제를 붙여 보고, 무엇을 누구와 공유할지 결정하며, 글쓰기를 위한 계획을 기획하고, 자신의 과업이 왜 중요한지 탐색하면서 말이다……. 그 교실의 아이들은 스스로 질문을 던지면서 이전보다 발전된 연구 문화를 만들어 가며 그 안에서 글쓰기를 하고 있었다(Ghiso, 2011, p. 354).

이와 같은 인권 프로젝트처럼, 학생 주도성을 증진시킬 수 있는 한 가지 방식은 학생들에게 의미 있고 그들의 관심과 탐구에 닻을 내릴 수 있도록 교육자들이 과제를 구조화하는 것이다. 학습에 대한 이러한 관점은 수업이 어떻게 진정성 있는 과제가 될 수 있는지, 그리고 학생들의 삶과 어떻게 학습이 관계 맺을 수 있는지를 강조한다. 이 관점을 통해 우리는 현재 전 세계적으로 강조되고 있는 기술 공학적인 교육적 접근에 대해 비판적으로 생각해 볼 수 있게 된다. 감브렐 등(Gambrell et al., 2011)은 교사가 지시하는 방식을 넘어 학생들의 삶으로 확장될 수 있는 의미 있는 과제와 "단순히 완성하거나 교사가 제기한 질문에 답하는 것보다 아이디어를 소통하며 서로 이해를 공유할 수 있는"(p. 22) 과제를 제공해야 한다고 주장한다. 이러한 유의미한 과제는 학생이 자신의 역사와 삶에 기초한 과제를 통해 현실적인 목적을 위한 학습을 할 수 있는 기회를 포함하며, 문화와 관련된 교육학(pedagogy)에 내재한다(Certo et al., 2010; Dyson, 2003; Gay, 2002; Genishi & Dyson, 2015; Souto-Manning, 2010).

결국 문화적으로 관련성이 깊은 실천에 초점을 둔 수업과 실제적이고 몰입할 수 있는 과제들이 필수적으로 요청된다. 학생들이 주도성과 관련한 감각을 발휘할 수 있는 권한을 가질 때에야 행동하기 시작하고 그럼으로써 수업의 방향을 이끌게 되기 때문이다. 학생들의 관심과 탐구뿐만 아니라 언어적이고 문화적인 배경에 기초한 교육과정 또한 전개되어야 한다. 그럴 때 서로 협력할 수 있는 공간이 구성되고 학생들 스스로 교육과정의 방향을 설정하면서 학습 결과를 도출할 수 있기 때문이다(Schipper et al., 2020; Tobin & Llena, 2010). 레예스(Reyes, 2009)는 멕시칸의 후예에 대한 자신의 연구에서, 교사가 학생들의 생생한 경험을 교육과정으로 초대할 때 "학생들이 학문적인 영역에 자연스레 관심을 가지게 되면서 학교에서 성공적인 학생의 궤도에 올라타게 되고, 그 궤적에 계속 속하고 싶은 노력을 불러일으키는 주도성의 감각을 가지게 될 것"(p. 112)이라고 주장한다.

이처럼 학생 주도성을 함양할 수 있는 공간을 교육과정 내에서 형성할 수 있는 방안은, 교사가 학생의 탐구를 인식하고 구성해 가게끔 안내해 줄 수 있을 때이다. 예컨대, 미트라(Mitra, 2004)는 고등학생의 사례를 들어 가며 그들이 학교에서 의사결정을 할 수 있도록 초대받을 때, "타인에게 의견을 말로 잘 설명하고, 변화할 수 있는 행위자로서 새로운 정체성을 구성하며, 리더십에 관한 뛰어난 감각을 발전"(p. 662)시킬 수 있었다고 말한다. 다시 말해 교사와 학교가 학생의 관심과 문화, 배경, 언어적 강점, 그리고 정체성을 인식하고 교실에서의 학습 기회에 대한 교차 속에서 잘 구조화하여 녹여 낼 때, 학생 주도성을 위한 기회가 구축될 수 있다.

이와 같이 학습자가 복잡하고 역동적인 학습 맥락에 처할 때 학습이 일어난다고 보는 관점은 사회문화적인 관점의 주도성 개념을 뒷받침한다. 이때 학생 주도성은 교사와 다른 동료들 및 학습 상황에 의존할 뿐만 아니라 주도성을 지지하도록 작동하는 상황적인 변수들 사이에서의 개인 행동과 지향성에 의해 매개된다. 이처럼 주도성이 사회적으로 매개된다고 보는 관점에서 개인은 교실의 실천이 이루어지고 있는 동안, 집단적으로 혹은 개별적으로 참여하거나 참여하지 않는 방식을 형성해 가게 된다. 블룸 등(Bloome et al., 2004)은 개인이 "상황에 따라 행동하고, 특정 사건에서 일어난 일을 토대로 공동으로 그 사건을 구성하는 일련의 의미들을 형성해 나가는"(p. 7) 방식으로 주도성이 다층적이고 역동적이며 사회적으로 구성되는 것임을 강조한다. 이처럼 학생 주도성은 다면적이며, 교사, 학생, 그리고 또래들 사이에서 공동으로 구성되어 기능한다. 예를 들어, 교사는 학생들이 능동적으로 참여하고 그들의 주도성을 상호 구성할 수 있는 수업환경을 만들면서, 그 안에서 무언가 시작할 수 있는 학습 경험을 통해 구체적인 활동들을 구조화한다.

주체적인 학습자는 자신의 세계를 바꿀 수 있는 충분한 가능성이 있음을 스스로 믿을 뿐만 아니라 그것을 실현할 수 있는 존재로서의 인간이다(Freire, 1970). 결과적으로 학생들은 특수한 학습 경험 속에서 능동적이고 협력적으로 의미를 구성하는 자가 된다. 다시 말해 그들은 상호작용하고, 참여하면서, 그 활동의 의미를 협상해 나간다. 기든스(Giddens, 1979)는 이러한 관점을 더 발전시켜 주도성을 사람들의 사고를 재해석하거나 재발견할 수 있는 능력으로 제시한다. 이처럼 주도성은 학습 맥락을 변형시킬 수 있도록 자신이 속한 학습 맥락에 반응하고 의문을 가지면서 영향력을 발휘하는 것, 그러면서 자기 입장을 발전시키고 자신의 학습에 책임감을 가지는 방식에서 발견될 수 있는 것이다. 학생 주도성을 지지하는 것은 고도로 정치화된 오늘날의 교육 시스템에서 매우 필요하다. 이는 학생에게도 필요하지만, 교사에게도 필요한 것이다. 그리하여 이 책은 우선적으로 현재 학교의 맥락에서 주도성이 어떻게 다루어지고 있는지 비판적으로 성찰해 보고자 한다. 이를 통해 교실에서 학생 주도성에 관해 적극적으로 논의하도록 촉진하고, 교사가 학생들로 하여금 스스로 학습 주도권을 인식하며 가치롭게 여길 수 있는 주도성을 함양하게 하는 데 기여하고자 한다.

이 책의 개요

이 책은 크게 두 부분으로 나뉜다. 먼저, 첫 번째 영역, '학생 주도성이란 무엇인가'는 1장부터 4장까지로 구성된다. 여기서는 교실에서의 학생 주도성이 무엇인지, 그리고 주도성이 한 국가 내의 학교에서 왜 그 어떤 것보다 중요한 것으로 간주되어야 하는지, 나아가 광범위한 문화적 맥락에서 역사적으로 소외된 학생들의 배움을 지지하는 새로운 방식으로서 왜 주도성이 핵심적인 방안이 될 수 있는지에 대해 다룬다. 이 부분에서 나는 이론적인 관점에서 제시된 주도성의 유형을 지난 10년에 걸쳐 초등학교에서 수행했던 연구와 관련 문헌에 기초하여 소개할 것이다. 아울러 당신이 교육 관련 종사자라면, 책 전반에서 교수방식과 교실에 적용할 수 있는 아이디어들을 풍성하게 할 수 있는 크고 작은 이야기들을 발견할 수 있을 것이다. 여기 나오는 학생과 교사의 이름은 모두 가명이다.

1장에서는 주도성에 대해 정의하고자 하는데, 이는 학교 현장기반 연구 및 이론적인 관점 모두에 토대하여 제시할 것이다. 이때 주도성을 유형화하는 방식은 세 가지 핵심적인 차원으로 범주화하면서 개념화하는 것을 통해 수행된다. 여기서 세 가지 차원은 성향적,

동기적, 그리고 위치적 차원으로 구성된다. 이러한 논의를 통해 왜 학생 주도성이 교실에서 다른 어떤 것보다 중요한지에 대한 논의를 제공하고자 한다.

2장에서는 학생 주도성을 위해 요구되는 성향적 차원들에 대해 심층적으로 탐색하고자 한다. 여기에는 목적과 지향성이 속한다. 이를 위해 이 차원에 상응하는 주도성에 대한 연구 및 이론적 이해를 다루고자 한다.

3장에서는 주도성의 동기적 차원이 학생 주도성 유형에 어떠한 방식으로 연관되는지에 대해 다룰 것이다. 여기서 등장하는 이론은 끈기와 지각이 어떻게 학생 주도성을 발전시키는 구조적 차원이나 지원에 영향을 미치는지에 대한 이해와 관련된다.

4장에서는 주도성의 위치적 차원에 관한 논의를 제공할 것이다. 이때 상호작용과 협상이 주요하게 등장하는데 이것들은 교실에서 학생 주도성을 지지하는 핵심적인 구성요소이다. 만일 우리가 학생 주도성을 함양할 수 있는 기회를 구성하고자 숙고한다면 이러한 상호작용과 협상이 중심적인 것이 될 것이다.

두 번째 영역, '학생 주도성을 어떻게 기를 것인가'는 5장에서 9장까지를 포함한다. 여기에서는 교육자와 학교가 교실에서 주도성을 함양하기 위해 취할 수 있는 구체적 방법에 초점을 둔다. 연구, 교실 에피소드, 교사 인터뷰, 그리고 학생들과의 대화를 통해, 모든 과목과 여러 학년에 걸쳐 다양하게 나타날 수 있는 주도성의 양상을 학교 현장을 통해 보여 주고자 한다. 오늘날 주도성을 가르친다는 것은 모종의 도전을 받아들이는 것일 수 있다. 이 도전은 교사가 일상적으로 경험하는 수많은 제약 속에서 균형을 잡을 필요가 있다는 것을 인식할 때 비로소 일어날 수 있다. 나는 주도성의 핵심적 특성에 대하여 교사와 학생이 나눈 사례 및 대화를 공유할 것이다. 교사는 학생의 주도권에 민감하게 반응할 뿐만 아니라 창의적인 방식으로 학생이 주도권을 가질 수 있는 기회를 제공한다. 예컨대, 어떤 교사는 매주 '소리 내어 말하기(sound off)' 시간을 만들어 학생들이 정기적으로 자신에게 중요한 무언가에 대해 글을 쓰고 자신의 에세이를 읽게 했다. 또 학생 스스로가 정한 주제를 중심으로 학급 토론을 이끌고, 하나의 문제나 이슈를 다루는 협력 프로젝트를 주도적으로 수행할 수 있도록 이끌었다.

5장에서는 학생에게 주도성은 무엇을 의미하는지에 대해 논의할 것이다. 이를 위해 학생들을 직접 인터뷰한 내용을 제시하며 그들에게 주도성은 어떤 의미로 이해되는지 다룰 것이다. 왜냐하면 학생이 바로 주도성을 경험할 수 있는 이들이며, 그들이 주도성을 가장 필요로 하는 이들이기 때문이다.

6장에서는 주도성에 대한 교사들의 이야기와 수업에서 주도성이 차지하는 역할에 대해 논의할 것이다. 여기에는 교사들의 인터뷰가 활용될 것이며, 아울러 학생 주도성을 위한 구조를 지원하기 위해 어떤 교실 실천이 이루어질 수 있는지도 공유할 것이다.

7장에서는 학생 주도성을 기르기 위해 어떻게 가르칠 수 있는지 그 예시를 제공하고자 한다. 이를 위해 1장부터 4장까지 설명했던 주도성의 이론적 유형이 5장과 6장에서 다루었던 학생과 교사의 피드백을 통해 구체화될 것이다. 그리하여 이 장에서는 교실에서 학생 주도성을 함양하기 위한 핵심적인 전략을 제시한다.

8장에서는 이 책을 갈무리하고 교실 및 학교 전반에서 주도성의 문화를 만들어 가는 방법에 관한 전략을 간략히 제시할 것이다. 이를 위해 학생 주도성을 지지하는 실천들을 세부적으로 제시할 것이다.

9장은 이 책의 마지막 장으로, 나는 여기서 미래를 위해 우리가 가져야 할 비전을 제시할 것이다. 이를 위해 먼저 '만일 우리가 학생 주도성을 풍부하게 할 수 있는 공간을 제공한다면 학교에서는 어떤 일이 일어날까?'라는 질문을 던지고자 한다. 그리고 주도성이 드러나기 어려운 오늘날의 학교 환경에서 학생 주도성이 내러티브를 재형성하는 데 어떻게 핵심적인 도구가 될 것인지에 대한 논의를 중점적으로 펼칠 것이다. 주도성을 증진시키고 함양할 수 있는 방식에 대해 사유하기 위해 교사, 교육자 그리고 학교 관리자가 협력할 수 있는 방식을 논의할 것이다.

이 책은 다양한 학교급 및 여러 과목에 걸쳐 모든 교육자에게 이론적인 근거와 실천적인 수단 모두를 제공할 수 있도록 기획되었다. 이론적으로는 학생 주도성의 구분되는 차원을 이해할 수 있도록 하면서 그것의 핵심적인 교육적 힘이 무엇인지 제시하고자 하였다. 그리고 실천적으로는 수업과 교육과정에 학생 주도성을 적용할 수 있도록 하였다. 막중한 책임감을 느낄 수밖에 없는 오늘날의 교육 현실 속에서, 이 책의 풍부한 사례가 모든 학습자의 힘을 키울 수 있는 자유로운 수단이 되어 학생 주도성을 함양시키기 위해 한발 내딛게 하거나 혹은 더 높은 목표를 향해 도약하게 하는 데 기여할 수 있다면 더 바랄 나위가 없겠다.

1부

:

학생 주도성이란 무엇인가

1장 학생 주도성 탐색

주도성을 발달시켜야 한다는 명제는 모든 학생에게 결정적으로 중요한 목표로서 자주 언급된다. 수많은 학교의 비전 선언문은 어린 아이들이 독립적으로 생각할 수 있는 사람이 되도록 도와야 한다고 소리 높여 말하고 있다. 대학은 자기주도적인 학습자인 고등학교 졸업생을 기대한다. 그리고 기업에서는 K-12[1] 교육에서 문제해결적이고 모험가와 같은 차세대 기업인이 되도록 준비해 주길 요청한다. 오늘날의 학생은 주도성 혹은 "역량, 이른바 전통적이지 않은 방식으로 생각하고, 익숙한 것에 질문을 던지며 새로운 시나리오를 상상하고 깜짝 놀랄 만한 일을 생산해 낼 수 있는 능력"을 발달시켜야 한다(Wan & Gut, 2011, p. 10). 학생 주도성의 핵심적 측

---

1 K-12는 유치원에서부터 고등학교를 졸업할 때까지의 교육기간이다.

면은 학생들로 하여금 자신의 세계를 구축하기 위해 행동하고 변화시키는 기업가적인 면모를 발달시키는 능력이다(Bilac, 2012). 학생들이 주도성을 발휘할 때, 그들은 "그들 자신을 창조하고, 영향을 주며, 변화시키는 것을 목표로 하는 목적적인 방식으로 세계에 의미를 부여하고, 자신의 삶에 조건을 부여한다"(Basu et al., 2009, p. 345). 그러나 교육의 장에서 학생 주도성에 대한 공동의 이해와 실행을 가로막는 두 가지 장애물이 있다.

첫째, NCLB(2002)와 미국 교육부(2009)에 의해 촉진된 시험 기반의 학교 책무성(test-based school accountability)은 교사로 하여금 강도 높은 주입식 교육을 하도록 압력을 넣었다. 그리하여 학생들이 무엇을 그리고 어떻게 배울 것인지에 관한 선택을 할 기회는 거의 제공되지 않았다. 한 사례로 내가 같이 일했던 카일라(Kayla)의 곤경을 들어 보자. 그녀는 학생의 88%가 원주민인 학교에서 3학년을 가르쳤는데 해당 주에서 내려온 문해력 교육과정에서는 토착 문화에 대해 그다지 주목하지 않았다. 그리하여 카일라는 학생들이 구전 이야기를 듣고 지역 어르신을 방문하여 배우면서 문화적으로 반응적인 텍스트를 읽어 낼 수 있는 교육 자원과 자료를 적용시켰다. 그러나 그 학교는 연간 적정 학업 성취도(Adequate Yearly Progress: AYP)를 충족시키지 못한 곳으로 지정되었기 때문에 카일라의 관리자들은 시험 점수를 올리는 데 혈안이 되어 있었고, 자신이 시험에 적합하다고 생각하는 텍스트 선택과 주에서 제시한 지도 가이드에서 벗어나 있다는 이유로 카일라를 질책했다.

중학교 과학 선생님인 타미(Tammi)의 경우도 생각해 보자. 나와 연구를 함께하기도 했던 타미는 영어가 모국어가 아닌 학습자

(English Language Learners: ELLs)가 많은 학교에서 근무했고, 그녀는 교실에서 자신의 역할이 촉진자라는 것을 강조했다. 그러면서 그녀는 비판적으로 사고할 수 있고 자신의 잠재력을 실현하고 또 포착할 수 있는 학생들을 길러 내는 것이 자신의 간절한 바람이었다고 말했다. 이와 관련하여 자신이 촉진자로서의 역할을 어떠한 것으로 보는지 묘사하면서 개별성(individuality)과 창조적 자유를 지지하는 교실 분위기를 발전시키는 것이 필수적이었다고 언급했다.

타미는 미리 패키지화된 과학 세트를 사용하는 것은 문화적으로 관련성이 떨어질뿐더러 그녀가 학생들의 탐구를 지지할 것이라고 알고 있던 가르침의 유형과도 거리가 멀다고 설명했다. 이어 학생들의 흥미와 질문을 기반으로 한 수업 단원을 개발하는 것이 중요하고 탐색과 비판적인 탐구를 위한 장으로서 지역 환경을 조사할 필요성이 있다고 언급했다. 예컨대, 그녀는 내가 방문하는 동안 다음과 같은 생각을 공유해 주었다. "난 비판적으로 사고하는 사람을 키우고 싶어요. 그들이 자기 스스로 어떻게 지식을 찾고 어떻게 질문을 하는지 가르치고 싶었죠. 나는 그들이 내가 답을 다 알지 못하는 것을 알기 원했고 그들 스스로 답을 찾을 필요를 느끼길 원했어요."(Vaughn, 2013, p. 126)

이러한 지향을 가지고 타미는 학생들이 지역 환경 문제를 직접 검토할 수 있는 여러 단원을 개발했다. 한 수업에서 그녀는 학생들에게 오염으로 인해 학교 현관 바로 바깥에 있는 대리석 구조물이 얼마나 침식되었는지 자세히 기록할 것을 요청했다. 타미는 지역의 이슈에 관해 진정성 있는 방식으로 가르치는 것이 비판적인 사고력을 발달시키는 데 필수적이라고 강조했다. 그녀는 학생들이

자신의 수업을 일상생활에서 볼 수 있는 훼손된 환경으로 인한 영
향과 연결시킬 수 있도록 삶과 관련되고 참여적인 방식으로 기획
했다고 설명했다.

　이와 같은 방식으로 기회들을 구조화하는 것은 타미의 교수 방
식에서 매우 핵심적인 차원에 해당한다. 그녀는 학생들이 자신의
아이디어를 제시하고, 자기가 한 발견을 치밀하게 탐색하며 배운
것과 관련해 더 심화된 질문을 던질 수 있는 기회들을 제공했다.
다른 수업들도 마찬가지로 흥미로웠다. 예컨대, 타미는 학생의 일
상생활에서 환경의 위험요소가 끼치는 영향에 대해 논쟁할 수 있
는 모의재판을 전개했다. 그녀는 이러한 유형의 수업이 비판적 사
고를 하도록 권장하고 학생들이 현실 세계에서 자신이 취한 선택
이 어떤 영향을 끼치는지 볼 수 있게 할 것이라고 강조했다. 타미는
학생들에게 자신의 목소리를 공유하고 의사결정 과정에 참여할 수
있는 기회를 제공하는 것이 그녀가 알고 있는 효과적이고 진정성
있는 수업의 핵심적 특성이었다고 설명했다.

　타미는 이와 같이 환경과학을 가르쳤지만 해당 주에서 평가에
포함되지 않은 과목이어서, 평가가 임박해 왔을 때 학교와 동료교
사들이 어떠한 도전에 마주할 수밖에 없었는지 기술해 주었다. 사
실 타미의 학교는 그녀가 'AYP 감옥'이라고 말한 곳이었다. AYP
감옥은 그녀의 학교가 지난 2년간 학생들의 학업 성취도가 향상
되지 않아 얼마나 많은 제약이 있었는지를 묘사하기 위한 말이다
(Vaughn, 2013, p. 127). 타미처럼 모든 교사는 엄청난 압박에 시달
리며 학교 전체적으로 시험을 준비하는 데 참여해야 했다. 이것은
타미가 한 달 동안 환경과학을 가르치는 것을 중단하고, 학생들에

게 시험 전략을 준비하게 하면서 수학과 독해 과목에 집중하여 국가시험을 위한 연습문제를 풀게 해야 한다는 것을 의미했다.

마지막으로 중학교 사회 선생님인 레스(Les)의 경우를 생각해 보자. 그래서 자신의 학생들이 역사에 대해 비판적인 관점을 적용하고 지역 주제와 이슈에 관해 사회적인 자각을 발달시킬 수 있기를 원했다. 그는 평등에 대한 국가적 이슈와 이민자의 권리에 초점을 둔 수업 단원을 개발했다. 그러고는 학생들이 그들 스스로 생각하고 답을 찾을 수 있기를 원한다고 말했다. 그러나 학교가 표준화된 시험에 접근해 갈수록 레스는 그러한 시험의 압박을 느끼면서 그 자신도 시험 준비에 참여하도록 강제하는 학교 전반의 정책에 맞닥뜨리게 되었다. 그는 학생들에게 역사와 시사 문제에 대해 질문하고 비판적인 입장을 취할 기회를 제공하는 것은 시험 점수를 올리라는 학교의 목표와 매우 다른 종류의 것이라고 생각했다. 레스는 그 둘 간의 간극을 극복할 수 없었고 결국 그 해가 끝날 무렵 교사의 자리를 떠날 수밖에 없었다.

지난 15년간 교육자들의 행동에 대한 연구결과와 많은 개인적 사례에 따르면, 카일라와 타미, 그리고 레스의 이야기가 그리 특별한 것은 아니라는 것을 알 수 있다. 교사가 주도성에 대한 학생의 감각을 강화하는 것에 우선권을 두려고 할 때, 즉 학생들에게 그들의 언어나 문화 및 교육적 요구를 충족시키면서도 학생들의 관심에 토대한 주제와 텍스트, 활동을 선택할 수 있도록 하고자 할 때 그들의 결정은 규정된 교육과정을 따르거나 '기능과 훈련(skill and drill)'에 순응하기를 주장하는 관리자들에 의해 쉽게 폐기되었다 (Berliner, 2011; Howard & Miller, 2018; Onosko, 2011; Vaughn, 2020).

그러나 21세기 학습의 기술에 대해 말하는 이들은 미리 처방된 교수학습 접근에는 일고의 여지도 두지 않고, 모험가의 입장을 발전시키고 대안적 가능성을 상상할 수 있는 자질을 가진 유연한 학생을 기를 필요가 있다고 강조하고 있다(Moses et al., 2020).

그러나 교육자가 원칙적으로 학생이 주도적이고 독립적이어야 한다는 사실에 동의한다고 하더라도 그 목표를 교실 내 실천에 맞게 번역하는 것은 아주 어려운 일일 수 있고, 어떻게 그런 문제에 대해 말해야 할지 확신하지 못한 채 말문이 막힐 수도 있다. 예컨대, 몇 달 전에 나는 한 교사 공동체에게 학생 주도성에 관한 그들의 생각을 들려달라고 요청한 적이 있다. 나는 이 교사들이 꾸준히 자신의 학생들이 자기주도적 프로젝트를 추구하도록 권장하고 교실 규칙과 구조에 대해 결정 내리는 것을 도와주었음을, 그리고 교실 토론에서 자신의 의견을 제시할 것을 잘 독려해 왔음을 알고 있었다. 그러나 내가 질문을 제기했을 때 그들은 나를 멍하니 바라보더니 "학생 주도성이 뭔가요?"라고 되물었다.

더 큰 문제는 학생 주도성에 대해 연구하는 학자들 사이에서도 정확한 정의를 규명하지 못하고 있다는 것이다. 일반적으로 주도성의 정의를, 학생들이 자신의 목표를 세우고 행위할 수 있는 능력으로 지칭하는 것과 같이 광범위하게 제시하기는 쉬운 반면, 세부적으로 파악하는 것은 어려워 보인다. 예컨대, 주도성은 개별 학생의 동기, 자신감, 자기결정과 관계되는 심리학적 개념일까(Deci & Ryan, 1985; Reeve & Shin, 2020; Ryan & Deci, 2017)? 아니면 학교에서 자기 스스로 정체성을 형성하려는 노력과 같이 개인적이고 사회적인 발달에 좀 더 가까운 개념일까(Ferguson et al., 2015; York &

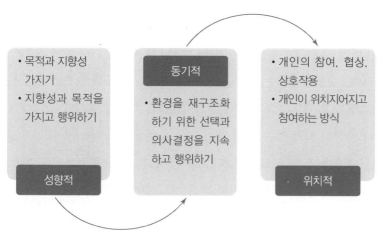

Kirshner, 2015)? 혹은 교사의 편견이나 학교의 불공정한 실천에 도전하는 학생의 권력과 관련한 정치적 용어로 생각하는 것이 더 나을까(Abodeeb-Gentlie & Zawilinski, 2013; Toshalis, 2015)? 아니면 학생들이 학교에서 어떤 복장을 하고 어떤 행동을 해야 하는지에 대한 규칙과 같이 조직 구조와 관련된 것일까(Jackson, 2003)? 더 깊은 수준에서, 교사가 교실 토론을 통제하는 방식이나 학생이 자유롭게 말하도록 허락하는 방식, 혹은 그들이 권위를 가지고 말하도록 독려하는 방식과 같이, 주도성이란 사람들이 언어를 사용하는 방식과 관계된 것일까(Cook-Sather, 2020; Johnston, 2004)?

　연구자들이 혼란스러운 방식으로 학생 주도성의 분류에 대해 논의하는 것을 보면, 그 다양한 접근은 다음과 같은 세 가지 주요 범주로 묶일 수 있을 것이다. 그 범주는 성향적(dispositional), 동기적(motivational), 그리고 위치적(positional) 특성이다([그림 1-1] 참조).

- 목적과 지향성 가지기
- 지향성과 목적을 가지고 행위하기

성향적

동기적

- 환경을 재구조화하기 위한 선택과 의사결정을 지속하고 행위하기

- 개인의 참여, 협상, 상호작용
- 개인이 위치지어지고 참여하는 방식

위치적

[그림 1-1] 주도성의 광범위한 차원

주도성의 이 세 가지 차원은 학생 주도성에 대한 하나의 틀을 개념
화하는 데 사용될 수 있을 것이고, 전반적인 주도성의 틀을 개념화
하는 데도 함께 활용될 수 있을 것이다.

첫 번째 차원은 학생들이 목적과 지향을 가지고 있는 정도와 같
이 학생의 개인적 성향에 초점을 둔 연구를 포함한다. 이 성향적 차
원은 학생들이 얼마나 모험적이고, 희망적이며, 동력이 있고, 창의
적인지(Garud et al., 2007; Oakeshott & Fuller, 1989; Tran & Vu, 2017),
그리고 얼마나 자기주도적이며 자기결정적인지(Snyder et al., 1991)
와 관련될 수 있다. 이 차원에서 주도성의 감각을 발달시키는 것은
목적(purpose)과 **지향성(intentionality)**을 가지는 것, 그리고 기회에 대
응하여 행위를 취할 수 있는 능력과 관련된다. 이것은 학생의 내적
성향에 초점을 둔 연구와 개인이 자기 스스로에 대한 지식, 과거의
성취에 기초한 이해, 그리고 미래의 목표를 위한 아이디어를 어떻
게 사용하는지에 초점을 둔 연구를 포괄한다(Archer, 2000; Bandura,
2001).

학생 주도성의 동기적 차원에 대해 생각해 보자면, 학생들의 지
각 및 그들이 원하는 행동을 지속할 수 있는지에 대한 스스로의 신
념이 학생 주도성의 이 측면을 구성한다. 이러한 방식으로 학생들
이 자신이 하고 있는 일에 가치를 두는 정도와 계획을 세우고 감정
과 행동을 조절하며 자신만의 기술을 성찰하는 능력(Bandura, 1986;
Ryan & Deci, 2000)은, 동기와 학생 주도성이 교차하는 방식들과 관
련된다. 이 영역은 **지각(perception)**의 역할이나 장애물 또는 장벽을
인식함에도 불구하고 **끈기(persistence)** 있게 지속할 수 있는 능력을
주목하는 연구들을 포괄한다(Garcia et al., 2015).

위치성(positionality)이라는 세 번째 차원은 사람들이 집단, 공동체 그리고 조직에 참여하고, 협상하며, 상호작용하는 방식의 연구를 포함한다. 여기서 주도성은 누군가의 사회적, 문화적, 역사적 환경을 이해하는 것과 관련된다. 예컨대, **상호작용(interaction)**과 **협상(negotiation)**(Wenger, 1998; Vygotsky, 1978), 실천에서 정체성이 형성되는 것, 학생들이 복잡한 학습 환경에서 위치지어지는 방식을 들 수 있다.

주도성은 다른 관련 구성요소, 이를테면 동기, 참여, 자기효능감과 동일하다고 볼 수도 있겠지만, 이것은 다차원적인 것으로 누군가의 동기, 자기효능감, 혹은 자질이라는 각각의 개념으로 분절되어 단독으로 언급될 수 없다. 주도성은 성향적이고 동기적이며 위치적인 차원들을 가로지르는 가운데 밀접하게 엮인 것으로, 이 개념은 교실과 같은 복잡한 사회 맥락 안에서 학생들이 이러한 차원을 어떻게 만들어 가는지 이해하는 데 필수적이다. 만일 우리가 오직 한 가지 구성요소에만 주목한다면 하나 이상의 차원들을 놓치게 되는 셈이다. 예컨대, 크리스티안과 블룸(Christian & Bloome, 2004)은 독립적 읽기와 쓰기 집단에 관한 연구에서, 주로 남자 ELL 학생들로 이루어진 한 집단이 작가로서의 신념을 가지고 있으며 이야기를 만드는 자신의 능력에 대한 믿음이 강하다는 것을 발견하였다. 그러나 그 집단에 포함되었던 뛰어난 '백인' 여학생은 ELL 학생 집단이 아니라 교사의 지도를 받으며 글을 쓰게 되었다. 왜냐하면 그 반의 교사는 글쓰기 활동에서 ELL 학생들이 그 그룹을 잘 이끌 수 없다고 생각했기 때문이다. 그 결과, 해당 교실에서 ELL 학생들은 활동 바깥에 위치하게 되었다. 이러한 예시에서와 같이, 인종, 성별 그리고 똑똑함(Hatt, 2012)은 학생 주도성에 대한 토론에서 핵심이 되는 중요한 요소이다. 즉, 교사와 학교는 학생 주도성을 지지하거나 혹은 훼손시키는 결정적인 요소이다.

이와 같이 세 가지 차원이 함께 작동한다는 것을 알아챌 수 있는 주의 깊은 성찰이나 능력이 뒷받침되지 않는다면, 교사와 학교는 학생 주도성을 지원할 수 있는 기회를 잠정적으로 잃어버리게 될 것이다. 다시 말해 주도성은 누군가 가진 성향, 동기 혹은 그들이 어떻게 위치지어져 있는가와 같은 요소에 대한 것만이 아니다. 학생 주도성은 이 세 가지 차원 모두와 상호 관련되어 있고, 주도성을 허용하기도 하고 멀어지게도 하는 도구와 자원이 존재하는 복잡한 사회적 환경에서 어떻게 상호작용하는지와도 밀접하게 관련되어 있다.

이러한 차원이 학생의 실천에 어떠한 영향을 주는지에 대해 교사들이 자각하고 있는 공간에서, 학생은 자신의 학습을 책임지는 주도권을 가질 수 있을 뿐만 아니라 기회를 확장할 수 있는 학습에 참여할 수 있게 된다. 학생이 자신의 주도성을 활용하는 사례는 수업 주제에 관한 자신의 의견을 제시하거나 아이디어를 생성하고, 기획을 하거나 문제를 해결할 의지를 가지는 것을 포함한다. 이를 통해 학생들은 교실 활동이나 공동체에서의 프로젝트를 수행해 나가게 된다. 이처럼 교실에서 학생 주도성이 허용될 때, 학습 경험은 함께 구성·생성되면서, 학습의 교변적(transactional) 접근을 넘어서게 된다.

주도성을 기를 수 있는 학교에서의 기회는 학생이 선택을 하거나, 자신의 지향을 위해 실천할 수 있거나, 자신의 입장과 의견을

[그림 1-2] 주도성의 내적 차원들

전개하기 위한 노력 속에 무언가 행동을 취할 수 있을 때 발견될 수 있다. 이러한 환경에서 교사들은 가르침에 대한 접근에서 적응적이고 유연해진다. 그들은 학생을 일방적으로 가르치는 것이 아니라 효과적인 교육에 대한 그들의 지식을 학생의 개별적인 학습 요구, 관심, 아이디어와 통합하고자 하기 때문에 학생 곁에 나란히 서게 된다.

그러므로 학생 주도성을 증진시키기 위해서 교사들은 이 세 가지 차원 모두를 다루어야 할 것이다. 우선, 학생이 스스로를 독립적인 학습자로 정의할 수 있는 노력을 지지해 줄 수 있어야 한다. 또 교사는 학생이 스스로 자신이 무엇을 배웠는지, 그 가운데 어떤 점이 어려웠고, 어떤 점을 잘 수행했는지 그리고 그것은 왜 그러한지 성찰해 보도록 유도해야 한다. 그리고 교사는 학생이 배우기를 원하는 것과 집단에 참여하는 방식에 관한 의미 있는 결정을 허용하는 방식으로 교실 환경, 규범, 규칙을 창안해야 한다. 이러한 세 가지 차원은 주도성의 다차원적 관점을 예시하는 이론과 연구를 포함하여 훨씬 더 세부적으로 제시될 수도 있을 것이다.

[그림 1-2]에서 보듯이 학생 주도성은 목적, 지향성, 지각, 끈기, 상호작용 및 협상과 같은 상호연관된 차원으로 구성된다. 각 차원에 대한 자세한 내용은 이어지는 2, 3, 4장에서 논의될 것이다.

주도성의 이러한 상호연관된 차원은 다음과 같이 정의될 수 있다.

- **목적**은 학생들이 자신의 목표와 관련된 비전이나 아이디어를 갖는 방식이다.
- **지향성**은 학생들이 그들의 아이디어와 의도한 것들을 추구할 수 있는 의지를 가지는 방식이다.
- **지각**은 학생들이 자신이 하고 있는 것에 가치를 매길 때의 방식이다.
- **끈기**는 장애물과 장벽에 맞서 지속할 수 있는 능력이다.
- **상호작용**은 학생들이 경쟁하는 사회적 요구와 변수가 있는 복잡한 환경에서 존재하는 방식이다.
- **협상**은 학생들이 자신의 신념과 갈망 사이에 균형을 맞추고 복잡한 사회적 공동체의 실천에서 스스로의 정체성을 만들기 시작하는 방식이다.

이러한 차원은 다음과 같은 교실의 시나리오에서 살펴볼 수 있다. 태평양 북서부의 한 초등학교에 재학 중인 4학년 학생은, 그 지역에 발생했던 잇따른 산불 이후 과학 에너지 단원에서 질문을 던졌다. 그 학생은 산불이 어디에서 발생되었고 어떻게 시작되었는지, 만일 캘리포니아에서 발생했다면 어떻게 다른 주인 아이다호에서 연기 냄새를 맡을 수 있었는지 질문을 제기했다. 교사와 학생들은 신바람이 나서 이 질문들을 도표로 만들고, 다 함께 바람의 패턴, 산불, 그리고 지리적인 주요 지형지물에 대해 더 배우기 위한 여정을 시작했다. 학생들은 지역에서 일어난 화재에 대해 훨씬 더 많은 질문을 유도하는 방식으로 서로를 인터뷰했고 자신의 탐구를 진전시키기 위한 계획을 세워 나갔다(Vaughn, Premo et al., 2020).

교사는 학생들이 이 프로젝트에 대한 작업을 할 수 있도록 매일 특별한 연구 시간을 제공했다. 이와 같은 경험들은 학생 주도성을 의미할 수 있으며, 교사와 학생이 배움의 기회를 함께 협력하여 구성하는 상호작용이 무엇인지 드러내 보여 준다. 학생들이 자신의 비전에서 가지는 신념과 자신이 지금 하고 있는 것에 가치를 매기는 방식은 스스로의 아이디어를 추구하고 발전시키는 데 핵심이 되었다. 이러한 교류 속에서 학생과 교사는 자신의 아이디어를 밀고 나가고 자신의 탐구와 더 관련 있는 방식으로 학습 활동을 변형시킨다. 실천 과정에서 학생들은 학습 환경을 변화시키고 영향을 줄 수 있는 서로의 정체성을 형성해 나간다. 결과적으로 학생들은 학습에 새로운 기회를 제공하기 위한 영향력을 행사하여 자신의 주도성을 갖추어 나가게 된다.

학생이 이러한 상황에서 주도성을 갖추어 나가는 데 도움을 받았다면, 그것은 교사와 동료들에게도 마찬가지일 수 있다. 교사는 학생이 자신의 아이디어를 발전시킬 수 있도록 참여하고 지원할 수 있는 구체적인 실천들을 구조화할 수 있다. 이번 사례에서 교사는 학생이 자신의 아이디어를 전개할 수 있도록 지원하거나 독려하는 대신, 손쉽게 단순히 지시할 수도 있었다. 학생 주도성을 촉진하는 학습 기회를 만들고 함께 구성해 가는 선택권은 교실 수업 중

언제나 생겨날 수 있다. 서론에서 바운스볼로 학생들의 의자를 교체하자고 제안한 메이디의 경우로 돌아가 보자. 메이디의 선생님은 그녀의 주도성을 키울 수 있는 기회를 포착하지 못했지만, 기회는 그 자체로 존재하고 있었다. 교사는 이 기회를 기꺼이 알아채고 필요한 학습을 지원함으로써 궁극적으로 학생의 주도성을 함양할 수 있는 기회를 확장할 수 있도록 학습 맥락을 유연하게 구조화해야 한다.

학생 주도성의 기회를 포착하거나 그것을 지지할 수 있도록 수업을 재구조화하는 것이 항상 간단한 일이라고 말하려는 것은 아니다. 사실 학생들의 주도성을 위한 기회를 제공하는 것에는 자못 심각한 긴장이 존재한다. 카일라, 타미 그리고 레스 선생님의 경우를 생각해 보자. 이 선생님들에게 학생의 관심과 아이디어를 지원하는 방식으로 자신의 수업을 재구성하는 것은, 자신에게 부과된 행정적 과업과 상충되는 것이어서 끊임없이 분투를 겪는 것이기도 했다. 많은 교사는 자신의 학생들이 주도성을 가질 수 있는 활동을 교육적으로 정당화해야 할 때 갈등과 마주할 수밖에 없다.

예컨대, 연방, 주, 지역 지침에서, 많은 교사는 학생들이 주 단위 평가에서 성공적인 학업 성취를 위해 제공된 문해력 프로그램을 사용해야 한다고 강력히 권고받는다.

학교의 성공에 대해 더 넓은 렌즈로 보고 학교의 분위기를 살펴볼 것을 ESSA(Every Student Succeeds Act)(U.S. Department of Education, 2015)가 새롭게 강조함에도 불구하고, 교육자들은 학생 주도성을 위한 기회를 발전시키려는 정당한 노력을 지속적으로 제한받고 있다. 학생 주도성에 대한 논의는 교사와 행정가들 사이에서 그 어느 때보다 지금 필요하다. 그들 모두가 표준화된 성과를 넘어 학교 내에서 보다 공정한 공간을 만들기 위해 학습 활동들을 재형성하고자 함께 노력하려고 한다면 말이다.

심리적이고 사회적인 차원들이 밀접하게 엮인 학생 주도성의 유형은, 주도성의 세 가지 핵심적 차원들이 학습 맥락에서 주도성을 이해하는 데 어떻게 개념화될 수 있는지와 연결되어 있다. 다음 장에서는 관련 문헌과 교실 사례를 살펴보면서, 이 차원에 관해 심도 있게 논의해 보고자 한다.

함께 생각해 보기

학생 주도성을 함양하기 위해서는 사려 깊은 성찰과 세 가지 차원(성향적, 동기적, 위치적)이 어떻게 함께 작동하는지를 비판적으로 검토할 수 있는 능력이 필요합니다.

1. 우리 자신의 학교 경험을 떠올려 봅시다. 학생으로서 주도성과 같은 느낌을 가졌던 기회는 어떤 것들이었습니까? 왜 그런 방식으로 느꼈을까요? 그 경험에 대해 어떤 가치를 둘 수 있을까요? 어떤 학습 자료와 자원들이 그 경험을 용이하게 만들었나요? 교사와 학교 전체의 구성원이 우리의 노력을 어떻게 지원하거나 혹은 억눌렀을까요?

2. 몇몇 학생과 그들이 학교에서 주도성을 느끼는 방식에 대해

대화를 나누어 봅시다. 학생들에게 다음의 질문을 해 봅시다.

⋯▶ 교실에서 아이디어를 만들어 내고 또 전개할 수 있었던 시간을 공유해 줄 수 있나요?

⋯▶ 거기에 장애물은 없었나요? 만일 있다면/혹은 없다면 어떻게 했나요? 다른 사람들이 도와주었나요?

⋯▶ 이 장애물을 극복하는 데 적용된 전략은 무엇이었나요?

우리는 또 8학년인 퀸(Quin)과 그의 경험에 대해 다음과 같은 대화를 나눠 볼 수 있습니다. 이어지는 내용을 읽으며 자신에게 질문해 봅시다.

• 퀸의 경험은 어떻게 그의 주도성에 관한 감각을 일깨웠을까요?
• 퀸이나 선생님이 경험했던 주도성을 저해하는 잠재적인 장애물은 무엇이었을까요?
• 이를 극복할 수 있는 전략은 어떻게 제시될 수 있을까요?

퀸의 사례

퀸은 학교에 대해 이렇게 말한다. "대부분 지루하죠. 우리가 원하는 걸 할 시간은 정말 없어요. 왜냐하면 아주 많은 교과목을 이동하며 들어야 하고 선생님과 있을 시간은 고작 50분밖에 없죠." 퀸이 보다 자율성을 가질 수 있다고 말한 시간은 과학 수업이다. "난 요즘 스케이트에 빠졌어요. 내가 스케이트 타는 걸 모두가 볼 수 있죠. 과학 선생님께도 계속 스케이트를 타고 싶다고 말씀드렸어요." 처음에 그는 선생님이 안 된다고 할 것이라 예상했지만, 그렇게 반응하지 않았던 경험을 공유해 주었다. "선생님과 이야기를 하기 시작했고, 내게 스케이트 탈 때의 문제점들이 무엇인지 물어보셨죠. 예컨대, 경기장인 야외 스케이트 공원에 갔을 때, 빠르게 스케이트를 타고 싶었지만 그렇게 할 수 없었던 경험들 말이에요." 몇 주 후, 퀸은 야외 스케이트 공원에 대해 조사했고 굴곡진 표면은 스케이트를 타는 사람들이 더 속도를 내도록 도와준다는 것, 그리고 그 야외 공원을 확장하는 데 비용과 자원이 필요하다는 것을 알아냈다. 선생님과 학교의 독려 덕분에 퀸은 그 도시 공원과 레크리에이션 부서에 자신이 발견한 방식으로 시설물을 보완할 필요가 있다는 제안을 할 수 있었다.

2장 목적과 지향성

> 생각해 보세요. 만일 당신이 아이라면, 교실에서 무엇을 할지 직접 결정하
> 고 싶지 않겠어요?
>
> ―5학년 남학생

    주도성은 대체로 자발적이며, 개인이 스스로 지식을 사용하는 방식과 과거의 성취를 토대로 이해하는 방식, 그리고 미래의 목표를 위해 아이디어를 사용하는 방식에 기초한다(Archer, 2000; Bandura, 2006). 이처럼 주도성은 부분적으로는 학생의 내적 성향에 의존한다. 그러므로 주도성이 내적인 성향적 차원에 따라 어떻게 구성되는지 이해하는 것은 학생들이 복잡한 사회적 기관인 학교에서 어떻게 능동적인 행위자가 되는지 이해하는 데 필수적이다. 인덴(Inden, 1990)은 그 관계를 다음과 같이 포착한다.

주도성은 단지 자신의 세계에 대해 알거나 개인적이고 상호주관적인 의미를 부여하는 능력만이 아니라, 그 세계에 대한 모종의 행위를 실현한 사람들의 능력이다. 그 능력은 다소 복잡한 사람들과의 상호관련성 속에서 목적적이고 성찰적으로 행위할 수 있는 어떤 힘과 같은 것이다. 즉, 사람들 각자가 서로 다른 행동 방침이 가능하고 또 바람직하다고 생각할 수 있는 상황 속에서, 하나로 합의된 방식은 아니라고 할지라도 우리가 살고 있는 이 세계를 다시 말해 보고, 또 재구성할 수 있는 힘이다(p. 23).

주도성은 개인이 목적을 가지고, 자신이 거주하며 다시 만들 수 있는 세계에 중요성을 부여하는 것과 밀접한 관련을 가진다. 서론에서 등장했던 잭슨이 Bush hog(농기구)와 관련해 가졌던 경험과 농업과 관련된 주제, 그리고 그의 주도적인 학습 과정에서 목적과 지향성이 수행했던 핵심적인 역할을 떠올려 보자. 잭슨은 농업 주제와 관련된 그의 일상적 경험에 대한 아이디어와 생각을 공유하고 싶은 명백한 목적이 있었다. 그는 다른 사람들에게 학교를 벗어난 자신의 지식과 삶에 관해 가르쳐 주고 싶었다. 이러한 목적과 지향성에 관한 감각이 없었다면, 챕터북을 만들거나 학급 토론을 이끌거나 하는 일련의 복잡한 행동들은 아마 제대로 이루어지기 어려웠을 것이다. 목적과 지향성이라는 이 두 가지 중요한 이론적 구성요소들은, 개인의 성향이 학생 주도성에 어떻게 핵심적인 것이 되는지 잘 보여 준다. 목적과 지향성의 역할은 주도성을 실행시키기 위해 활동을 강력하게 이끄는 동인이 되는 것이다. 목적과 지향성이 없다면 초점을 잃게 되어 아이디어를 협상하거나 실행시키지 못하게 될 것이기 때문이다. 다음으로는 이러한 두 가지 내적 차원들이 어떻게 주도성의 성향적 차원을 개념화하는지 그 방식을 개략적으로 제시하고자 한다.

목적

목적은 자아에게 무언가 의미 있는 것을 성취할 수 있는 지속적이고 일반화된 목표를 나타내며 세계 속에 생산적으로 참여하도록 이끈다(Bronk, 2013; Damon, 2008; Damon et al., 2003). 목적은 다음과 같은 두드러진 요소들을 가진다.

- 목적 지향성: 목적이나 목표를 가지고 그것을 이루기 위해 필요한 것을 추구할 수 있는 능력
- 헌신: 목적을 완수하겠다는 약속
- 개인적 의미: 개인이 찾는 의미나 목적(Bronk, 2011)

이어지는 교실 상황에서 이 성향적 차원이 어떻게 나타나는지 살펴보자. 한 가족이 겪는 역경과 노숙에 관한 이야기인 캐서린 애플게이트(Katharine Applegate)의 『Crenshaw』라는 책을 읽은 후, 메한(Mehan) 선생님 반의 학생인 마르쿠스(Marcus)는 갑자기 학교의 음식나눔(foodbank) 프로젝트를 활성화시키고 싶어졌다. 메한의 교실에서 학생들은 종종 자신의 아이디어를 공유하고, 목표를 성취하기 위해 협력적으로 작업하며, 그들의 관심을 추구하는 데 안내가 필요하다면 선생님으로부터 지원받을 수 있다는 것을 알고

있다. 메한 선생님은 학생들이 일상적으로 아이디어를 발전시키기 위해 협력하는 것을 장려해 왔기 때문이다.

음식나눔을 시작하며 마르쿠스와 친구들은 자신의 목표를 이룰 하나의 계획을 발전시켰다. 그들은 표어를 만들었고([그림 2-1] 참조) 학급 신문에 음식나눔에 관한 기사를 작성했으며, 다른 반 아이들과도 아이디어를 공유했다. 이 과정에서 메한 선생님은 학생들만큼이나 꼭 필요한 존재였다. 메한 선생님은 학생들이 자신의 관심과 아이디어를 추구할 수 있도록 권장되는 수업 공간을 열어 주었다. 이로부터 몇 주가 지난 후, 학부모들은 아이들을 학교에 내려줄 때 마르쿠스와 친구들이 학교 밖에서 음식나눔에 관한 정보를 공유하는 모습을 발견할 수 있었다(Vaughn, 2020).

[그림 2-1] 음식나눔 표어

마르쿠스와 친구들은 자신들의 작업을 위한 하나의 목적을 가지고 있었고, 그것은 결과적으로 개인적 의미(personal meaningfulness)들로 연결되었다. 학생들은 '음식나눔(food drive)'을 시작하겠다는 명료한 목표를 만들어 냈고, 그럼으로써 학교에 음식나눔 사이트를 만드는 과제를 수행하고 신문과 학교 아침 방송을 통해 뉴스를 공유하게 되었다. 이러한 방식으로 그들의 목적은 아이디어 실행의 나침반이 되어 완성을 향한 학생들의 행로를 가이드하고 항해하게 했다(Mariano et al., 2011). 학생들은 다음 달에도 이 목표들을 지속적으로 수행하면서 헌신했다. 목적 지향성과 개인적 의미는 학생들의 명료한 목적을 충족시키고 프로젝트를 지속시킬 때 분명하게 존재하고 있었다. 이러한 방식으로 마르쿠스와 친구들은 자신의 목적을 충족시킬 수 있는 행동을 정렬해 나갔다.

> 목적은 젊은이들에게 그들의 현재 삶에 의미 있는 방식으로 연결되는 미래에 대한 정합적인(coherent) 비전을 제공하는 하나의 조직화된 원칙이다. 예컨대, 목적은 학교 다니는 일과 같은 젊은이들의 일상적인 행위들에 동기, 삶과의 관련성, 방향성에 대한 감각을 고무시킬 수 있다(Koshy & Mariano, 2011, p. 13).

목적은 사회정서적인 학습 목표나 학문적이지 않은 지표들뿐만 아니라 학생들의 학문적 성공에 관한 지표와도 관련이 있다. 힐 등(Hill et al., 2016)은 청년들이 목적에 대한 감각을 가지는 것이 미래의 목표를 획득할 수 있다는 신념을 가지는 데 도움이 된다는 것을 발견했다. 브롱크(Bronk, 2013)는 젊은이들이 자신의 삶에서 목적에 대한 감각을 가질 때, 높은 자기 존중감과 심리적 웰빙(well-being)을 이끌어 갈 수 있다고 주장한다. 나아가 힐 등(Hill et al., 2016)은 "개인들이 청소년기와 성인기에 돌입할 때 하나의 목표에 헌신할 수 있다는 증거들이 점차 늘어나고 있고, 그렇게 목표에 헌신하는 것은 각자의 인생에서 의미 있는 성공을 위한 촉매제가 될 수 있다."(p. 258)고 강조한다. 이러한 증거들은 학생의 목적을 지지하고 발전시켜 주는 것이 중요하다는 것을 말해 준다. 이는 교실에서 주도성을 이끌어 낼 수 있는 학습 환경을 만드는 데 중심이 될 뿐만 아니라 인생 전반의 성공을 위해서도 중요한 차원이 되기 때문이다.

목적을 갖는 것이 중요함을 유형화하는 한 가지 생생한 방식은 교실과 학교에서 목적 세우기 활동을 기획하는 것이다(Pizzolato et al., 2012). 예컨대, 교사는 서론에 등장한 마르쿠스나 잭슨과 같이 학생들의 지향성이나 비전에 의해 이끌어질 수 있는 학습 활동을 알아채고 들을 수 있으며 내면화시킬 수 있다. 학생들의 지향을 발전시키고 목적에 관한 논의를 촉진할 수 있는 기회는 학생들이 주도성을 가지고 성공적으로 영향력을 발휘하며 행동을 시작할 수 있는 행위를 만들어 낼 수 있다.

그러나 학생의 목적에 대한 감각을 길러 주는 것이 중요함에도 불구하고, 그렇게 하지 못하고 실패하는 학교가 점차 늘어나고 있는 것으로 보인다. 힐 등(Hill et al., 2016)은 목적과 관련한 수업의 방식을 검토한 연구에서, 학교가 학생의 목적을 발전시킬 수 있는 고유하고 강력한 기회를 가지고 있음에도 불구하고 실제로 그것을

시행하는 학교는 드물다는 것을 발견했다. 유사하게, 마리아노 등
(Mariano et al., 2011)은 한 흑인 여자중학교의 연구에서 여학생들이
자신의 삶에서 중요한 것과 관련한 목적에 대한 감각 및 미래에 대
한 목표와 지향을 개념화하는 방식에 관해 탐색한 결과, 학교가 그
학생들의 목표를 지지하는 데 그다지 영향을 끼치지 않는다는 것
을 알게 되었다. 오히려 이 청소년들은 학교 바깥의 멘토나 지지자
에게 훨씬 더 영향을 많이 받고 지원을 받았다. 학교는 청소년의 목
적에 대한 감각을 함양하도록 돕기 위해 멘토를 초대해서 그 여학
생들과 함께 또는 그 곁에서 영향력을 발휘하도록 해야 한다.

　　교실 안에서 학생들의 목적에 대한 감각을 지지할 수 없다면 학
교에서 주도성과 의미 있는 참여를 위한 기회는 간과될 수밖에 없
다. 1장에 등장했던 메이디의 경우를 생각해 보자. 그녀는 자신이
다니는 학교의 4학년 학생들이 앉을 수 있는 바운스볼을 구매하기
위해 기금 마련을 주도하는 아이디어를 생각해 냈다. 교사는 이 프
로젝트를 위한 메이디의 비전을 지지하고 발전시켜 주는 대신, 교
실로 돌아가 학습지를 완성하라고 지시했다. 그 과정에서 가장 중
요한 기회가 상실되었다. 학생의 비전과 창의적인 작업에 대한 의
지를 포착하기 위해서는 학교 전반과 교실의 구조 및 지지가 필요
하다. 학교는 학생들을 지원하기 위해 존재하지만, 종종 학생을 무
기력한 존재로 간주한다(Scherff, 2005). 이러한 관점을 재정돈하기
위해서는 우리가 학생들에게 요청하는 작업에서 목적에 대한 감각
과 지향성을 이해하고 포함시키는 단계가 필요하다.

　　목적의 핵심적 측면은 헌신과 지향성에 있다. 사실 목적과 지향
성은 깊게 연관되어 있다. 학생들은 나아가야 할 길이 한번 설정되

면 자신의 아이디어와 지향을 추구하고 발휘하는 것이 필요해진다. 학생과 마찬가지로, 교사도 자신이 하는 일에 목적과 의도를 활용해야 한다. 예를 들어, 내가 이 책을 쓰는 것에 관한 생각을 했을 때, 여러 가지 생각을 이끌어 내는 질문들이 머릿속에 떠올랐다. 내가 이 책을 쓰는 목적은 무엇인가? 이를 위해 난 어떻게 해야 하는가? 이 과업을 완성하기 위해 필요한 지원에는 어떤 것들이 있을까? 학생 역시 매일 교실에서 자신의 주도성을 발휘할 때 동일하게 이러한 질문을 할 것이다. 나는 무엇을 하고 있는가? 나는 이것을 할 수 있을까? 나는 이걸 하길 원하고 있는가, 만일 그렇다면 그 이유는 무엇인가? 내 행동의 결과로 어떤 일이 일어날 것인가? 다시 말해 학생들이 주도적으로 무언가를 추구할 수 있는 힘의 핵심은 어떤 과업에서 직접적인 목적이나 지향성을 가지고 있느냐 그렇지 않느냐와 관련한 내적 동기에 놓여 있다고 할 수 있다.

내 학생이었던 1학년 니콜(Nicole)의 이야기를 해 보고자 한다. 그 아이는 읽는 방법을 배우기로 결심했다. 그녀는 같은 반의 많은 친구가 읽는 짧고 친숙한 글을 읽는 것에 만족하지 않았다. 어느 날 오후 쉬는 시간에 그녀는 노는 대신, 학교 도서관에 가서 랜슬럿 왕과 원탁의 기사 이야기가 담긴 비교적 긴 어린이 버전을 대출했다. 그녀는 자신이 직접 선택한 책을 읽고 싶다는 간절한 목적을 가지고 있었고, 그녀의 지향은 그 텍스트를 읽을 때 마주할 여러 어려움에도 불구하고 스스로를 이끌었다. 그녀는 결국 쉬는 시간에 자발적으로 앉아 2주 동안 매일 텍스트 읽기를 했다. 이처럼 니콜은 이 과제를 완수하겠다는 확고한 목적을 가지고 있었고 자신의 목표에 도달할 헌신에 대한 감각 또한 지니고 있었다.

이러한 방식으로 주도성을 형성하는 것과 관련하여 목적과 지향성의 역할을 이해하는 것은 학생이 어떻게 주도성의 내적 차원을 발전시키는지를 개념화할 때 유용하다. 목적은 학생이 비전이나 아이디어뿐만 아니라 지향이나 아이디어, 활동, 그리고 학습 사건을 향한 의지와 이해를 어떻게 가지는가 또한 강조한다. 즉, 지향성은 학생이 목표에 도달할 수 있다고 생각하고 믿는 바를 지지하며, 자신의 아이디어에 따라 행동하고 자신의 행동 방향을 결정하려는 의지와 헌신 또한 지지한다. 다음으로는 이와 같은 내적 차원에 대해 좀 더 탐색해 보고자 한다.

지향성

선행 연구에 의하면, 지향성은 1980년대부터 행동의 과정을 조절하고 결정하는 능력과 관련된 용어로 사용되었으며 심리학 영역에 뿌리를 둔 용어로서 발전해 왔다(Deci & Ryan, 1985). 지향성은 자아에 대한 이해와 아이디어, 그리고 그 아이디어에 따라 행동할 수 있는 의지를 함의한다. 학교교육의 맥락에서 지향성은 학습 사건에 대한 자기만의 아이디어를 가지려는 학생들의 의지로 간주될 수 있다. 예를 들어, 최근에 만났던 방과 후 북클럽에 참여한 학생들을 떠올려 보자. 북클럽 시간 이전에 나는 학생들에게 그날을 성찰하며 공유할 만한 아이디어를 생각해 보자고 독려했다. 내가 방문해 있는 동안에 학생들은 자기 또래 중 몇몇이 집에 책이 없다는 것을 들은 후 책나눔(book drive)을 하자며 흥분했다. 그들은 다음 단계에 대해 논의하기 시작했고 발생할 수 있는 몇 가지 장애물에 대한 항목을 작성했다. 예를 들어, 책은 어떻게 구할지 그리고 그 아이들이 다른 사람들의 주목을 받지 않도록 책을 배달하기 위해서는 어떻게 해야 하는지 등에 대해 말이다. 만일 학생들이 아이디어와 씨름하고 자신의 아이디어를 추구할 의지가 없다면, 게다가 다른 사람들도 동의하지 않았다면, 배움이 일어나는 동안 자신의 개인적 필요에 따라 아이디어를 펼칠 수 있는 그 어떤 확장도 일어날 수 없었을 것이다(Vaughn, Premo et al., 2020).

지향성은 학생들이 모험적이고, 생성적이며, 창의적이고(Tran & Vu, 2018), 목표지향적이며 굳은 의지를 가지고(Bandura, 2001), 강력한 의미생산자(Reyes, 2009)로 행동할 수 있는 정도에 의존한다. 오크쇼트와 풀러(Oakeshott & Fuller, 1989)는 주도성을 "사람들이 자기의 욕구와 힘에 대하여 이해하고 기회를 만들어 내는 것"(p. 35)으로 개념화할 때, 지향성이 다른 무엇보다 중요할 수 있다고 제안한다. 주도성에 따라 행동할 수 있는 사람은 지향을 가지고 자신의 세계를 확장할 수 있는 기회를 만들 능력을 실행할 수 있는 사람이다.

지향성에 대해 연구한 대부분의 학자는 개인 자신의 지향을 결정하고 추구하는 방식에서 자기결정이 핵심이라고 주장한다. 나아가 학자들은 지향, 신념 그리고 아이디어에 토대하여 자신의 행동 방향을 결정하게 하는 것이 자기결정이며, 개인이 자신의 목표를 추구하고 성취하는 방식을 포착할 수 있게 할 것이라고 제안한다. 자기결정은 "선별된 목표들이 기능하고 바람직한 결과들을 산출하는 데 자기영향력을 발휘하는 것이다"(Bandura, 2006, p. 165). 이처럼 자기결정 이론의 핵심적 원리는 개인이 어떻게 자아, 혹은 자기 실현에 대한 감각을 가지는지에 놓여 있다. 그리고 이것은 "자기에 대한 지식 그리고 이 지식을 이용할 수 있는 방식으로 행동할 수 있는 강점과 한계"(Wehmeyer et al., 1996, p. 22)로 특징화된다. 예를 들어, 학습 활동의 맥락에 있는 학생들은 그 과제가 자신이 할 수 있는 것인지, 자신이 원하는 것인지, 그리고 그 과제가 자신이 원하는 것에 어떤 이점을 제공하는지 등을 따져 가며 어떤 특정한 학습 과제를 수행할지에 관한 의사결정을 한다. 이처럼 자기결정은 학생의 행위 맥락에서 선택과 결정을 할 수 있는 개인의 경향성에 초점을 두게 된다.

자기결정 이론의 광범위한 틀 안에서 기본심리욕구 이론(basic psychological needs theory: BPNT)(Deci & Ryan, 2000; Ryan & Deci, 2000, 2017)은 개인이 자신의 지향에 따라 행동하도록 노력하는 데 사회적이고 감정적인 지지가 중요하다고 강조하는 세부 이론으로 제안되어 왔다. BPNT는 세 가지 심리적 욕구(관계성, 유능감, 자율성)가 자기결정 이론을 핵심적으로 압축한다고 말한다. 라이언과 데시(Ryan & Deci, 2017)에 따르면, 관계성은 특수한 맥락에서 의미 있는 타인들에게 연결되고 수용되고 싶은 욕구로서 정의된다. 그리고 유능감은 환경과 효과적으로 상호작용하고 수행이나 성취에 관한 감각을 경험하는 것에 대한 욕구를 반영한다. 마지막으로 자율성은 개인이 행동하기 위해 선택하고 자유를 경험하길 원하는 욕구이다. 에반스와 리우(Evans & Liu, 2019)는 음악을 배우는 고등학교 학생들에 관한 연구에서, 관계성에 대한 높은 감각을 가진 학생들이 더 쉽게 고독한 연습을 받아들이고 역량과 자율성을 발전시켜 간다고 주장한다. 이 학생들은 고독한 연습이 잠재적으로 그들의 능력을 향상시켜 더 능숙하고 풍성하게 연주할 수 있는 뮤지션이 되게 할 것이라고 인식했다.

이처럼 자기결정과 지향성 사이의 시너지에 대해 생각해 보자. 교사가 학생들의 지향성을 지지하는 교실에서의 학습은 교사의 지시에 의한 수업과 굉장히 달라 보인다. 학생들이 관심에 따라 과업을 선택할 수 있을 때 그리하여 자신의 선택에 대한 자료를 동료들과 선택하여 수행할 수 있을 때, 자신의 삶과 관련된 유의미한 학습에 가까워질 수 있다. 이러한 방식의 학습은 "교훈을 주는 식이 아니다. 그것은 의미 있는 활동 속에 내재화되어 있다. 그리하여 이는 외적 요구나 요청사항으로부터 귀결된 것이 아닌 학습자의 주도권, 관심 혹은 선택을 발전시켜 나가게 한다. 이것은 활동 외적인 평가와 결부되지 않는다"(Rogoff et al., 2016, p. 358). 학생들의 지향을 지지하는 학습 맥락에서 교사는 촉진자이며 학생들이 자기만의 학습을 조정할 수 있는 필수적인 지원을 제공하게 된다.

최근에 관찰한 5학년 코딩 수업에서 자기결정의 이러한 핵심적 원리를 생생하게 살펴볼 수 있다. 코딩 수업 동안 학생들은 그들의 아이디어에 기초하여 여러 가지 결정을 해야 한다. 이 관찰을 하는 동안 나는 5학년 한 학생에게 코딩 과정에 대한 인터뷰를 실시했다.

> **소냐:** 오늘 우리는 쓰레기통 주위를 돌게 하려고 우리 로봇을
> 사용하고 있어요.
> **나:** 왜 그렇게 하는 거죠?

소냐: 저는 제 로봇이 오늘 무엇을 하면 좋을지 결정하고 싶거
든요. 어떤 경로로 갈지, 어떤 코드를 쓸지, 그리고 어디
까지 진행해야 하는지 말이죠.

나: 어떻게 그렇게 할 수 있었는지 말해 줄 수 있나요?

소냐: 음……. 먼저 무엇을 하고 싶은지 생각해 봐야 해요. 여
기 이 라인 안에서처럼 말이죠. '로봇이 이쪽으로 갔으면
좋겠어요? 아님, 저쪽으로 가길 원해요?' 등 질문에 따라
각 라인은 그 로봇이 어떻게 갈지에 영향을 미치죠.

[소냐의 선생님인 웨스너(Wessner)는 교실을 돌면서 학생들 옆에 앉
아 로봇에 대한 계획과 아이디어를 물었다.]

소냐와의 대화에서, 나는 소냐가 자신이 코딩을 할 수 있다고 믿
는다는 것을 깨달았다. 그녀는 이 활동의 모든 과정에서 선택을 했
다. 이를테면, 자신이 로봇으로 하려는 것을 위해 어떤 라인에서 코
드를 더 넣어야 할지, 어디서 그리고 어떻게 자기 로봇이 가기를 원
하는지 등에 대해서 말이다. 소냐는 교실에서 다른 코더와 함께하
는 그룹에 속해 있었고 거기서 필요하다고 느낄 때 필수적인 지원
등을 받을 수 있었다. 웨스너 선생님은 학생들 곁에 앉아 학생의 학
습 속도와 그들이 제안해 준 특수한 아이디어에 기반해 학생이 필
요하다고 생각한 것을 구체화할 수 있도록 질문했다. 소냐는 유능
해진 기분을 느꼈다. 내가 방문해 있는 동안 소냐의 역량에 대한 수
준을 정확히 파악하기는 어려웠지만, 그녀가 자신의 컴퓨터에 한
줄의 코딩을 해 나갈 때, 그러면서 의도한 방향대로 로봇이 움직이

는 것을 보았을 때 흥분과 열정을 느끼면서 자신감을 얻는 것을 분명히 느낄 수 있었다.

웨스너 선생님은 학생들이 그날 다양한 방식과 루트를 고민하도록 독려하면서 자신의 로봇이 어디로 갈지, 무엇을 할지 등을 결정하게 함으로써, 반 학생들이 높은 수준의 자율성을 가질 수 있도록 수업을 구조화했다. 그녀의 언어는 학생들이 결과에 관계없이 자신이 원하는 것을 시도할 수 있도록 독려했다. 존스턴(Johnston, 2004)은 자기결정이 교사와 학생 사이의 대화적 교환에서 협력적으로 등장할 수 있는 방식을 강조하며 다음과 같이 말한다. "교사로서 우리는 학생들이 주도성에 대한 느낌을 최대한 느낄 수 있도록 노력한다……. [그리고] 환경이 영향을 미칠 수 있다는 신념…… [그리고] 우리가 그 환경에 영향을 미칠 수 있다는 것……."(p. 39)

학생들이 창안하고 수행하는 작업에 대한 지향을 극대화시키고 독려하는 것은 주도성을 형성하는 데 필수적이다. 이것을 뒷받침하는 것은 관계성, 유능감, 자율성이라는 세 가지 심리학적 욕구가 충족되었다고 느끼는 학생의 신념이다(Deci & Ryan, 2017). 다시 말해 학생들이 이 욕구를 충족할 때 그들은 더 쉽게 학습에 참여한다. 즉, 자신의 학습에 책임을 느끼도록 주도권을 가지게 되고 능동적인 학습자로서의 자질을 발전시키게 되며 단순한 학습과제의 수행을 넘어서게 된다. 그리하여 수동적 학습자보다는 자기 스스로 능동적인 학습자로 자리매김하게 된다. 자율성에 대한 감각을 느끼는 것은 이러한 것들을 지속시키기 위해 필요한 내면화된 관점을 이끌며(Ryan & Deci, 2017), 그럼으로써 학생 주도성을 지지하게 된다.

목적과 지향성은 조화를 이루며 작동한다. 지향성은 학생들이 자신의 목적과 아이디어에 토대한 기회를 잡도록 추동하는 핵심에 자리한다. 학생이 목적을 위한 자신의 지향을 추구하는 데 필요한 행위를 취할 수 있는 능력이 있다고 스스로 믿게 하는 것은 학생의 의지이다. 학생은 학교라는 복잡한 세계에서 능동적인 행위자가 된다. 학생의 내적 성향은 그들 자신의 주도성을 만들어 가는 데 통합적인 하나의 부분이 된다. 학생은 의지를 가질 뿐만 아니라 자신의 행위에서 목적 지향적이 될 수 있어야 한다. 그러므로 주도성에 대한 감각을 발전시키는 것은 **목적** 및 **지향**을 가지는 것과 관련된다.

주도성은 목적과 지향을 통해 개발된다는 점에서 상호의존적이지만 교사를 통해, 다른 학습자들을 통해, 그리고 학습 맥락에서 이용 가능한 학습 자료와 자원을 통해 매개된다는 점에서도 상호의존적이다. 이러한 방식으로 주도성은 개인들 사이에서 상호의존적으로 구성되며, 집단적으로 생성되고 실천 속에서 협상된다(Holland et al., 2001). 교실을 복잡한 장으로 보는 관점은 학생이 지향과 목적을 충족시키기 위해 도구와 자원을 어떻게 사용할 것인지에 대한 관점을 강조한다. 홀랜드 등(Holland et al., 2001)은 학생이 목적과 지향을 가지고 즉흥을 통해 개인으로서 자신의 정체성을 협상하고 상호 구성하는 방식('세계 만들기'의 과정)에 주목한다. 바흐친(Bakhtin, 1981)[1]은 정체성과 주도성이 지속적으로 상호 구성

---

1 이 책에서 자주 참조하고 있는 학자 미하일 바흐친(Michael Bakhtin, 1895~1975)은 러시아의 문예학자로 그가 제시한 '대화론(dialogism)'은 상생과 공존 원리의 기저를 설명하는 토대로 논의되곤 한다. 그는 대화 속에서 나와 타자는 고립된 개

되는 이 과정을 언급하기 위해 자기서술(self-authoring)이라는 용어를 사용한다. 이 과정을 통해 학생은 자신이 누구인지 그리고 자기가 할 수 있는 것이라고 믿는 것은 무엇인지에 대한 감각을 협상해 나간다. 그러므로 학생 정체성, 기술 그리고 주도성은 학생이 특정 환경 안에서 해석하고 즉흥하는 바에 따라 상호 발전해 나가는 것이라고 할 수 있다.

도구의 사용: 자기주도적 상징화와 즉흥

자기주도적 상징화(self-directed symbolization)와 즉흥(improvisation)[2]을 통해(Holland & Lave, 2009), 학생은 목적과 지향을 협상해 가고 목표를 향한 행동을 시작하게 된다. 홀랜드와 레이브(Holland & Lave, 2009)에 따르면, 자기주도적 상징은 특정한 상황이

별성의 영역에서 벗어나 상호소통과 조정의 역동적 관계를 구성한다고 주장한다. 예컨대, 소설 속의 주인공들마저 작가의 단일한 의도대로 수동적으로 움직이지 않고 각기 목소리를 지닌 채 서로 대화 관계에 들어서게 된다는 것이다. 이처럼 대화의 주체들은 세계를 공유하는 사회적 존재로서 각각이 지니는 차이를 매개로 존재하며, 그 차이들로 인해 결합된다. 이러한 대화에 대한 아이디어는 이 책의 저자가 말하는 주도성의 구성요소로서 각자의 '목소리 내기'가 어떻게 주도성과 관련되는지 이해하는 데 핵심적인 모토가 된다고 보았다.

2 자기주도적 상징화와 즉흥이라는 용어는 머릿속에 떠오른 아이디어나 상상을 빠르게 가시화하여 표현하는 활동을 이르는 말로, 이 책에서는 주도성을 형성하는 데 정신적인 아이디어를 물리적으로 나타내는 것, 그리고 그 표현에 자기가 토대한 문화적 배경이나 선이해를 반영하는 것이 중요하다는 것을 함의하며 주요하게 사용되고 있다.

나 만남 안에서, 자기주도적인 반응을 형성하기 위해 자신의 집단 생활 경험이나 스스로가 속한 문화적 자원을 취하는 것이다. 농업 주제에 관한 자기 지식을 반 친구들에게 전하기 위해 챕터북을 만들었던 잭슨의 사례를 떠올려 보자.

잭슨은 자기주도적 상징화와 즉흥을 활용하여 농장에서 겪은 집단적 삶의 경험에 관한 그의 작업과 창작을 해 나갈 수 있었다. 잭슨처럼 학생들은 지향성과 목적을 가지고 자신의 지향, 아이디어 그리고 목적에 토대한 가능성과 기회를 상상할 수 있는 문화적, 언어적, 그리고 배경적 지식을 활용한다. 자기주도적 상징과 즉흥은 학생이 주도성을 방향 짓는 과정에서 필수적인 도구이다.

챕터북을 만들고 교실 토론을 이끌며 농업 관련 주제로 글을 쓸 때 드러난 것처럼 즉흥을 통해 잭슨은 주도성을 형성해 갔다. 즉흥과 자기주도적 상징화는 학생이 자신의 아이디어와 신념을 추구하기 위해 지향성과 목적을 사용하는 방식이 무엇인지 고려할 때 필수적이다. 이것은 잭슨이 챕터북을 만든 것처럼 혁신적인 활동으로, 예컨대 [그림 2-2]의 시각적인 표현물이나 지향과 목적을 추구하는 과정의 대화 등으로 도출된다.

학교가 항상 지향성과 목적을 학생에게 제공할 수 있는 것은 아니다. 그러나 "학교는 학생들이 미래의 목표와 관련하여 더 많은 지향성을 생각하도록 돕기 위해 목적적인 참여를 위한 기회를 제공하고 현재와 과거 사이에 관련성을 이끌어 낼 수 있다"(Summers & Falco, 2020, p. 49).

마벨(Mabel)의 경우를 생각해 보자. 캐서린 애플게이트의 소설인 『소망나무(Wishtree)』는 이민자 소녀의 이야기로, 자기가 속한 공동

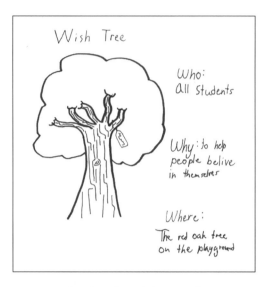

[그림 2-2] 소망나무 포스터

체에서 폭력을 경험했음에도 불구하고 구성원의 소원을 담은 소망나무로 비로소 화해하게 된다는 이야기이다. 마벨은 이 책을 읽고 그녀의 학교에서 소망나무를 시작하고 싶어졌다(Vaughn, Premo et al., 2020). 이 과정을 시작하기 위해 마벨은 소망나무를 위한 자신의 아이디어와 목적을 설명하는 포스터를 만들었다. 그러나 이와 같이 학생들의 아이디어를 지지하는 것은 교사가 학생의 배경과 관심 그리고 탐구를 교실 안으로 가지고 와서, 가르쳐야 한다고 요구되는 것이 많은 제약적인 맥락에서 균형을 맞춰 가며 학생들과 수업의 장(instructional floor)을 공유할 것을 요구한다.

학생들은 학습자로서 위치지어지는 학습 환경에 처해지기 때문에, 교사가 학습 과정을 지식을 전수하는 것으로 보는 관점과 학생을 지식이 풍부한 의미생산자로 보는 대립적 관점 사이에는 긴장이 있을 수 있다. 학생 주도성을 충분히 함양시키기 위해서 교사와 학교는 학생들이 풍부한 문화, 언어, 그리고 학교 밖의 경험을 학교로 가져온다는 것을 받아들여야 한다. 교사와 학교는 학생의 목적과 지향을 기꺼이 존중하고 경청해야 한다. 그것은 교사에게 교실 환경에서의 예측 불가능성을 인정하게 할 뿐만 아니라 교실 속으로 그 예측 불가능성을 초대해야 하는 유연성을 요청한다. 그렇게 함으로써 규정된 교육과정을 빡빡하게 고수하는 대신 교사는 유연해지고 교육과정 속으로 자신의 학생을 초대할 수 있게 된다. 학생들의 역사, 신념, 이해 그리고 아이디어는 학습 환경의 중심에 있다 (Vaughn, 2016). 소여(Sawyer, 2004)는 이처럼 열린 초대의 공간을 만드는 것이 중요하고 그러한 공간을 구조화하는 것이 교사의 역할이라고 강조한다. "교사는 학생들에게 그들 자신의 지식을 창조적으로 구성할 자유를 주면서 학생과의 대화를 창안해야 한다. 그러는 동안 상호 구성하는 과정을 효과적으로 단계화하는 구조의 요소들을 제공하게 된다."(p. 14)

우리는 다양한 학문 분야와 문헌들을 통해 학습 공간의 이러한 유형을 볼 수 있다. 장 등(Zhang et al., 2019)은 중학교 STEM(과학, 기술, 엔지니어링, 수학) 교육과정에 참여한 젊은 학생들을 위해 필요한 구조와 지원들을 제안한다. 교사들은 '발명교육'과 같이 자유자재로 변경할 수 있는 교육과정에서 STEM 학습 기회를 구조화했는데, 이것은 학생이 자신의 아이디어를 발견하고 발전시켜 현실 세계의 문제와 관심의 대상에 토대를 둔 발명품을 창안하는 데 초점을 두었다.

발명을 가르치는 것은 학생이 학습 상황의 방향성을 주도할 것을 요청한다. 그것은 전통적인 교수방법에서 벗어나 학생과 교사가 함께 배우는 것이 무엇인지에 관해 대화를 시작하는 것으로의 변화를 의미한다. 장 등(Zhang et al., 2019)은 그 중학교 학생들이 한 단원을 진행하는 동안 참여와 상호작용을 토대로 앞서 나간 과학 내용에 꽤 몰입하고 학습했다는 것을 알게 되었다. 그 프로젝트를 이끄는 교사는 학생들에게 자신의 아이디어를 추구하기 위한 유연성과 창의성을 허용할 수 있는 방식으로 가르칠 수 있는 변화를 강조했다. "발명을 가르치는 것은 지식 전수에 중점을 둔 전통적인 교수방식보다 학생들이 능동적으로 발명 활동을 위한 과학 지식을 획득하고 적용하는 것을 독려하는 것과 같이 결말을 열어 두는 변화를 요청한다."(Zhang et al., 2019, p. 247)

유사하게, 예술과 사회 통합 수업을 하는 동안 존슨(Johnson, 2019)은 고등학교 학생들이 다양한 양식, 예컨대 시와 미술을 통해 역사적 사건과 주요 인물을 알아 가도록 지지받을 때 자신감과 주도성의 감각을 발달시키게 된다고 주장한다. 학생들에게 예술에 참여하게 하고 관심 있는 주제를 추구할 수 있도록 교육과정을 열어 둠으로써, 그들은 학습한 것을 다양한 방식으로 재현할 수 있는 주요한 자료와 시를 사용하면서 학습 과정에 능동적으로 참여하게 된다.

존슨(Johnson, 2017)은 컴퓨터 게임 제작 단원에서 중학교 학생들이 게임에서의 상호작용을 계획하고 사건과 행위를 구체화하는 동안 프로그래밍에 대한 지식과 높은 수준의 수학적 개념을 배우게 되었다고 보고한다. 학생 주도성와 관련하여 이 연구의 중요성은 교사들이 프로그래밍 언어에 초점을 둔 명료한 수업을 구조화했지만 학생들의 창작에서 필요한 방식으로 스캐폴딩을 설정했다는 점이다. 다시 말해 교사들은 필요로 하는 지원을 점차적으로 줄이는 방식으로 명료한 지원을 구조화하여 학생들이 단계적으로 책임감을 느끼도록 구성하였다(Pearson & Gallagher, 1983). 웹 등(Webb et al., 2019)은 이러한 역동이 "교사 책임감과 학생 책임감이라는 양극단 사이의 균형"(p. 76)이라고 강조한다. 결과적으로 학생들은 자기가 선택한 동료와 문제를 해결하고 필요할 때 도움을 받으면서 게임을 만들어 내도록 독려받았다.

　다이슨(Dyson, 1986, 1997, 2020)은 어린아이들의 학교 밖 삶에 대한 자세하고 구체적인 이야기들 속에서 즉흥과 자기주도적 상징화를 허용하는 교실 공간을 제안하며, 이를 통해 학생은 때로는 독자로서 그리고 때로는 작가로서 안내되어야 한다고 주장한다.

　　사실, 어떤 종류의 상징 만들기라도 일상에서의 관계와 상호작용, 즉 실천에 토대한 하나의 지향에 의해 동기화된다. 비고츠키(Vygotsky)는 상징적 활동의 출현을 위한 장면으로서 놀이를 지적한다. 예컨대, 상자는 그저 상자일 뿐이지만 그 크기에 따라 아이들이 숨고 먹고 잘 수 있는 집이 되기도 하고, 한 사람이 조종사가 되어 모두가 여행계획을 세울 때 길을 내려가는 자동차가 될 수도 있다. 만일 상자가 작다면 그것은 아이에게 흔들어 주는 장난감이나 상점 놀이를 할 때 팔 수 있는 상품이 될 수도 있다. 이처럼 아이들의 말과 행동에 의해 그 상자는 변형될 수 있다(Dyson, 2020, pp. 120-121).

　이러한 교실 사례들과 마찬가지로, 교실 구조는 고정되지 않고 학생의 목적과 지향 그리고 궁극적으로 그들의 주도성을 지지하기 위한 다양한 방식으로 변형되어야 한다. 학생 주도성을 지지하는 교사들은 이러한 학습 환경 안에서 유연하다. 학생들이 상황과 즉흥에 자기주도적 반응을 할 수 있는 다양한 자원을 사용할 수 있는 유연한 학습 환경이 없다면, 이들이 주도성을 갖출 기회는 억눌리게 된다.

학생은 사회문화적 맥락에서 그리고 타인과의 관계에서 자기의 주도성을 발전시키는 주체적인 개인이다(Clarke et al., 2016). 주도성을 지원하기 위해 꼭 필요한 것은 목적과 지향성, 그리고 이러한 차원들이 학생 주도성의 발달을 어떻게 안내하는지에 대해 이해하는 것이다. 교사는 학생이 자신의 지향과 목적을 추구하도록 독려하고 그들이 주체적 학습을 추구해 나갈 때 자기주도적 상징화와 즉흥을 사용할 수 있는 학습 공간과 기회를 구축하는 데 필요한 존재이다. 다음 장에서는 주도성의 동기적 차원을 이해하는 데 필요한 지각과 끈기에 대해 탐색해 볼 것이다.

함께 생각해 보기

1. 우리가 학교 다닐 때의 경험에서 혹은 성인이 된 이후의 삶에서 목적과 지향성을 발달시킨 경험들을 떠올려 봅시다. 어떤 지지가 있었고 또 어떤 장애물이 당신을 힘들게 했었나요? 왜 그랬을까요? 우리의 노력을 성공적인 것으로 만들기 위해 필요한 것은 무엇이었을까요?

2. 이 장에 나왔던 마르쿠스, 니콜, 소냐, 마벨과 같은 학생의 사례를 떠올려 보고 학생의 목적이 그들 각각의 프로젝트에 어떻게 적용되었는지 명료화해 봅시다. 그리고 다음의 질문을 생각해 봅시다.

···→ 이 학생들이 자신의 아이디어를 전개할 때 필요한 것은 어떤 단계였나요? 거기에는 분명한 목적이 있었나요?

···→ 학생들이 자신의 아이디어를 전개할 때 어떤 자원과 자료를 필요로 했나요?

···→ 이러한 경험들에서 잠재적 장애물은 무엇이었고 어떻게 극복될 수 있었을까요?

3장 지각과 끈기

선생님이 과도한 과제를 내주실 때 보통 아무런 쓸모가 없는 것이라 느끼지만, 나는 내가 느끼는 것과 상관없이 과제를 합니다. 무언가를 배우고 싶을 때 대부분 내가 원하는 방식보다 선생님께서 정해 주시는 대로 해야 해요.

―11학년 여학생

학생들은 자신의 주도성을 발휘할 능력을 지지받거나 방해받는 상황에 놓이게 된다. 학생들이 자신의 아이디어와 지향을 해결하고 싶은 의지를 어떻게 가지게 되는지, 설정한 목표를 성취할 수 있다는 믿음을 어떻게 가지는지, 그리고 지각된 장애물 앞에서 목표를 달성하기 위한 행동을 어떻게 취해 나가는지를 이해하는 것은 매우 중요하다. 지각과 끈기는 학생 주도성 유형의 동기적 차원에서 핵심이다.

지각

학생들은 배우고 싶은 바를 스스로 설정할 수 있을 때 학습 의지가 더 강해진다. 자신이 해야 하는 활동을 지각하고, 그 활동을 자신의 흥미에 더 부합되도록 재구조화하는 능력에서 보면 지각은 학생의 주도성 발달에 중요한 도구이다. 아처(Archer, 2003)는 성찰성(reflexivity)이 "객관적 상황과의 관계 속에서 실제 프로젝트를 주체적으로 결정하는 행위자가 성찰적 숙고를 한 결과 나타나는 행동"(p. 135)이라고 했으며, 학생이 복잡한 학습 공동체 내에서 어떻게 배움을 추구하는 행동을 취해 가는지를 볼 수 있는 유용한 렌즈라고 했다.

학교에서 점심 재활용 프로그램(lunch recycling program)을 시작하고 싶어 한 4학년 메 학생의 경우를 보자. 그녀는 온라인 검색을 통해 다른 학교들이 재활용 프로그램을 어떻게 발전시켜 가는지를 알아냈다. 메는 학교의 예상 폐기물 양을 나타낸 자료표를 만들고 앞으로의 계획을 담임선생님과 교장 선생님께 말씀드렸다.

학생들이 주도성을 키울 수 있는 가장 명백한 기회는 학교 안에서 아이디어와 질문을 공유할 수 있을 때이다. 그러나 교장 선생님은 메의 아이디어를 채택하고 노력을 지지하는 대신 그런 프로젝트가 이전에 실행된 적이 없으므로 학생회에 그 아이디어를 상정할 필요가 있다고 했다. 이는 학교 내에 집단적인 학생 주도성을 고취하기 위한 타당한 요구라 할 수 있다. 그러나 학생회는 메의 아이디어를 중지시켰고, 교장 선생님은 그 문제에 대한 논의를 더 진행하지 않았다. 그런데도 메는 학생회 위원들과 매달 자신이 예정한 일정대로 만나 구내식당에서의 재활용이 중요하다고 강조했다. 그녀는 학교에서 한 주 동안 얼마나 많은 우유팩이 버려지는지도 말했다(Vaughn, 2020). 이러한 경험을 통해 메는 자신이 프로젝트를 지속할 능력이 있음을 믿었고, 자신이 하는 일에 대한 가치와 관심을 유지했으며, 아이디어를 지속할지, 포기할지의 선택에 직면했을 때 학생회의 반대에도 불구하고 끈질기게 계속했다. 그렇게 하는 동안 메는 지각된 제약보다 자신의 행동 과정에 더 비중을 두었다.

> 체르니에비츠 등(Czerniewicz et al., 2009)은 "제약 요인에 대한 경험은 학생의 무수한 관심에 의해 매개된다. 학생의 실제 행위는 그 관심이 구조적으로 지지, 혹은 제약받는 객관적 현실과 관련해 이루어지는 개별 성찰 과정의 결과이다"라고 강조했다(p. 84).

말하자면 메는 아주 많은 관심을 가지고 점심 재활용 프로젝트를 지속한 것이다. 그 결과, 그 활동이 가치가 있으며, 제약에도 불구하고 계속하고 싶었음을 지각하게 되었다. 이처럼 끈기와 지각은 그녀가 점심 재활용 프로그램을 계속할지 판단하는 성찰 과정에서 핵심적인 역할을 하였다. 이와 같은 학습 프로젝트는 학교 활동이나 과제로 더 개념화될 수 있다.

학생이 어떤 과업을 추구하고 지속할지를 결정하고 선택하는 주요한 요소는 그 과제에 대한 본인의 견해이다. 예컨대, 학생들은 다음과 같은 질문을 한다. 이 과제는 흥미로운가? 이 과제가 나의 인생과 배움에 어떤 관련성이 있을까? 이 과제를 통해 내가 배우는 것을 어떻게 활용할 수 있을까? 이처럼 학생들이 과제를 지속하는 능력은 자신이 무엇을 행하는지에 대한 지각 및 그 과제에 부여하는 가치 정도에 비례한다(Wigfield & Cambria, 2010). 그러므로 학생은 너무 어렵거나 불가능하다고 생각되는 것은 그만두거나 피하게 된다. 이는 골디락스(Goldilocks) 동화의 내용과 비슷하다. 너무 어려워도 안 되고 너무 쉬워도 안 된다. 학생들이 과제를 계속하기 위해서는 적절한 균형을 유지해야 한다.

과제에 대한 가치 부여는 학생들이 다양한 교과와 맥락에서 동기를 발달해 가는 결정적인 요인으로 밝혀졌으며(Ball et al., 2016; Merga & Roni, 2018), 학습자가 주도성을 나타내 보이는 방식이기도 하다. 자신이 하는 일이 가치 있다고 생각될 때 학생들은 당면한 과제를 해낼 수 있다고 믿게 되며 그 과제를 수행하는 데 필요한 노력을 끈기 있게 지속한다. 결국, 학교 교육이 주도적인 학습 기회를 제공하기 위해서는 학생들이 재미있고 가치 있다 여기며, 자신에게 관련되고 의미 있다 여기는 방식으로 과제가 구성되어야 한다. 그러므로 과제에는 다음과 같은 특징이 있어야 한다.

- 흥미의 가치: 개인이 활동을 좋아하거나 흥미를 느끼는 정도
- 성취의 가치: 활동의 중요성
- 유용성의 가치: 활동의 효용성(Wigfield & Eccles, 2000)

흥미, 성취, 유용성의 가치 이외에도 학생들은 자신이 그 과제를 수행할 수 있다는 믿음을 가져야 하며, 그 과제를 추구하고 끈기 있게 완성해 가는 데 필요한 의사결정을 할 수 있어야 한다.

끈기

끈기는 개인이 꾸준히 노력하면서 행동에 참여하고 과제를 완수하는 능력이다(Yen et al., 2004). 다음에 정의된 자기효능감(Bandura, 1977, 1993)과 과제 선택(Dweck, 2012; Pintrich & Garcia, 1993, 2012)을 포함한 심리적 차원들은 개인이 어떻게 다양한 맥락에서 자신의 주도성을 지속하는지에 대한 이해를 도와주는 도구들이다.

- 자기효능감, 즉 과제를 잘 수행할 수 있다는 능력에 대한 믿음과 과제에 부여하는 가치의 정도에 따라 그 학생이 자신의 아이디어와 관심에 얼마나 몰두하고 지속할지를 아주 잘 알 수 있다(Ainley, 2006; Bandura, 2001).
- 과제 선택은 개인이 자신의 관심과 아이디어 및 목적을 추구하기 위해 어떤 판단을 내리고 결정하는지를 보여 준다(Pintrich & Garcia, 2012).

주도성 발달은 자기효능감 및 과제 선택이라는 두 가지 상호 연결된 개념들과 관련이 있다. 즉, 학교 교육의 맥락에서 학생들은 과제를 수행하는 데 흥미를 느끼고, 과제를 해낼 수 있다는 믿음을 가져야 하며, 과제를 완수하기 위한 결정을 해야 한다. 이런 방식으로 학생들은 지속적으로 배움을 추구할 수 있다. 장애물이 생겼을 때 학생들은 메의 경우처럼 추구하는 바를 지속할지, 포기할지를 결정하게 된다. 주도성은 과제가 어떻게 구조화되는지, 누가 기회를 얻는지와 관련이 있다. 또한 복잡한 사회에서 무엇을 하고 싶은지 가늠할 때 개인이 어떤 성찰적 판단을 내리는지와 관련된다. 사회적 상호작용, 교실 구조, 학습 기회, 학생이 선택하는 활동은 이러한 요인들이 나타나는 방식을 계속해서 반복적으로 형성한다.

그러나 주도성은 단순히 개인이 끈기를 가진다고 해서 길러지는 것은 아니다. 주도성은 개인 간의 상호작용을 통해 발휘된다. 사회적 맥락은 개인이 주도성을 나타내는 열쇠가 된다. 학교가 지원하는 맥락과 구조는 학생이 계속해서 아이디어와 흥미를 추구할 기회를 함양하는 데 매우 중요하다. 학생들은 복잡한 사회적 환경에서 선생님 및 또래 친구와 상호작용하며 학습하기 때문에, 주도성 및 아이디어와 목적을 지원하는 행동 능력이 단지 학생 내부에만 있는 것은 아니다. 주도성이 교실에서 발휘되려면 교사와 학교는 기꺼이 학생들과 나란히, 함께 기회를 구성해 나가야 한다.

예를 들면, 앞서 메는 자신의 아이디어를 찬성해 주는 교사나 교장 선생님을 만났을 수도 있다. 만약 그랬다면 메는 아이디어를 계속 진행할 결정을 하고 프로젝트를 지속할 다른 방법을 찾았을 것이다. 그러나 그 상황에서 메는 교장 선생님이 'no'라고 말씀하셔서 낙담할 위치에 놓였으며, 자신의 아이디어를 포기할 가능성이 컸다. 다음 4장에서 논의할 사회적 위치성은 학습자 주도성에서 과소평가할 수 없는 본질적 차원이다.

그런데도 끈기의 부족은 학생의 위치성에 대한 고려 없이 내적 동기와 같은 심리학적 용어로만 자주 논의된다. 예컨대, 메가 점심 재활용 프로그램을 어떻게든 만들고자 하는 것은 내적 욕구로만 설명된다. 학습 환경 내에서 학생의 위치성, 교육적 상호작용과 구조, 학교에서 주도성을 발휘하는 방식에 영향을 미치는 광범위한 사회 및 문화적 경험을 이해하기 위해서는 세심한 주의와 비판적 성찰이 필수적이다.

누군가는 일반적인 관점에 토대하여 메가 'no'라는 말을 들은 시나리오에서 그릿(grit)[1]을 가지고 끈기 있게 추구해 가는 것이 필요하다고 주장할 수도 있다. 그러나 그릿만 강조하는 것은 성공하기 위해 "일곱 번 넘어지고 여덟 번째 일어서는" 것이 필요하다고 말하는 것과 같다(Duckworth, 2017, p. 45). 주도성을 지속성의 문제로만 개념화하고 동일시한다면 학교 교육 역사상 뒤처진, 수많은 학생의 학습 환경과 광범위한 역사적, 정치적, 인종적 차별은 고려하지 않은 것이 된다.

역사적으로 유색 인종 가정 학생들, 빈곤층 학생들, 혹은 영어가 모국어가 아닌 가정의 학생들은 특히 학교에서 주도성이 좌절되거나 부정당해 왔다(Cramer et al., 2018; Ferrada et al., 2020; Flores & Rosa, 2015). 학교의 구조적 불평등은 학생들이 단순히 끈기를 가질 수 있는 맥락, 혹은 투지를 가지고 행동하여 성공하는 맥락에 다가서는 것을 거의 불가능하게 만든다. 학생은 학교에서 아이디어

---

1 그릿은 미국의 심리학자 더크워스(Duckworth, 2007)가 개념화한 용어로, 힘든 상황에도 장기적 목표를 달성하기 위해 포기하지 않고 지속적으로 노력하고 흥미를 유지할 수 있는 투지와 용기를 뜻하는 말로 알려져 있다. 주도성을 연구하는 학자들 중 일부는 그릿 개념이 개인의 노력에 강조점을 둠으로써 제도나 환경의 중요성을 간과하게 된다고 지적하곤 한다.

와 흥미를 계속해서 추구할 수 있거나 방해받는 위치에 놓이는 것이다.

주도성은 다차원적이며 상관관계에 놓여 있어서, 학생과 교사 및 동료, 광범위한 학교 교육 시스템과 연계되어 있다. 학생은 자신의 목적과 열정을 추구할 능력을 갖추거나 혹은 방해받는 위치에 놓일 뿐이다. 나의 좋은 친구인 레이라(Leila)의 경우를 생각해 보자. 그녀는 이민 1세대이고, 다언어를 구사하는 라틴계 대학생이었다. 레이라는 여러 사업체를 운영하고 성공한 가족과 함께 좋은 집에 살고 있다. 어느 면으로 보나 그녀는 성공한 사람이다. 그러나 학교 교육의 맥락에서 지속성과 그릿의 렌즈로 들여다보면 그녀는 실패였다. 실은 학교가 그녀를 실패하게 했다. 왜 그러한지 그녀의 학습 궤적에 대해 생각해 보자.

레이라는 배치 고사 점수로 장학금을 받고 동북부에 있는 백인 위주의 상류층 사립 고등학교로 진학했다. 이후 장학금을 받고 아이비리그 대학에 진학했으나 2년 후에 그녀는 대학을 중퇴했다. 졸업하고 성공하는 데 필요한 그릿을 지속하고 유지하는 것이 단지 레이라만의 문제가 아니었던 것이다. 우리가 성공하는 데 필요한 것을 그릿으로만 본다면, 그녀의 그릿과 끈기를 정말로 볼 수 있는 것은 대학 이후의 성공을 통해서이다. 그녀를 실패하게 한 것은 제도의 문제였다. 대다수가 백인인 상류 계층의 고등학교에서 그녀가 유색 인종의 학생으로 재학하는 데 필요한 안내와 지원, 대학 진학 지원 시스템과 구조, 그리고 결정적으로는 그녀의 아이디어와 흥미를 북돋워 줄 지원이 없었던 것이다.

개인을 바라보고 성공과 주도성 함양 능력을 '단순히 내면에 있는 것을 일깨우는' 것으로 보는 것은 환원주의적(reductionist)[2]일 수 있다. 그렇게 해서는 복잡한 사회 환경과 학생들이 상호작용하는 방식을 사실적으로 그려 낼 수 없으며, 인종, 성, 계층과 같은 이슈 및 학교 교육과 사회에 내재한 수많은 현실과 불평등을 마주할 수도 없다. 불행히도 레이라 이야기는 일반적인 이야기이다. 영특한 학생들이 학교 교육의 맥락에서 자신의 아이디어를 지지하고 장려하며 주도성을 길러 주는 지원과 조직, 시스템이 부족했음을 경험한 사례는 수없이 많다.

> 그릿만을 강조하는 것은 인간의 동기 부여에 대해 매우 빈약한 관점만을 취하는 것이다. 결국 대다수 사람은 인내를 잘하기 때문에 인내하는 것이 아니라, 노력을 쏟을 가치가 있음을 알기 때문에 인내하는 것이다. 이를 학교 교육에 적용하면 학교는 학생의 그릿을 북돋우는 시간을 줄이고, 그 대신 학생들의 목적과 열정을 개발할 수 있는 제안들(offerings)을 어떻게 제공할 수 있을지를 고민해야 한다(Mehta, 2015, p. 331).

주도성 발달은 결코 학생에게만 의존할 일은 아니다. 학생이 그릿과 끈기 혹은 주도성을 가져야만 한다는 생각은, 그 문제와 관련해 누군가에게는 허용되고 누군가에게는 허용되지 않는 학교

---

2 환원주의(還元主義, reductionism)는 철학적 용어로, 전체와 부분 간의 관계를 바라보는 한 가지 관점이다. 예컨대, 전체는 부분의 합이라고 보면서, 부분 간의 상호작용이나 합쳐지는 과정에서의 역동성을 인정하기보다는 각각의 하위단계로 분절될 수 있다고 보는 입장이다.

내의 정치 사회적 영향력을 고려하지 못한 것이다. 실천 공동체 (communities of practice)의 관점(Wenger, 1998)에서 보면 개인이 실제로 자신의 정체성을 발달해 갈 때 어떻게 합법적인 주변 참여를 얻고 유지해 가는지를 이해할 수 있다. 교실 맥락에서 실천 공동체 (Wenger, 1998)는 교실문화가 형성한 실천대로 학습을 정의하고 전달하며 실행한다. 담화 및 조직적 실천과 같은 사회적 상호작용 패턴과 기존의 수업 활동 및 일상 활동은 학습의 의미, 형태, 사용에 대한 이해를 공유하게 한다(Turner, 1995). 이러한 맥락에서 학습자 주도성은 학생이 그 환경 속에서 끊임없이 해석하고 즉흥적으로 만들어 공동으로 구성해 가는 것이다.

이와 같은 이론적 견지에서, 교사와 학생은 수업의 장을 공유한다. 상호작용과 지각 및 학습 공간이 주도성에 대한 접근을 허용하는 구조로서 얼마나 많은 영향을 미치는지를 아는 것이 주도성을 이해하고 관점을 취하는 데 중요하다. 2장에서 언급된 바와 같이 학생들이 주도성을 점화하는 도구인 자기주도적인 상징화와 즉흥을 사용하는 기회는 학생의 주도성 발달을 촉진하는 데 필요한 지원이 된다.

주도성의 다양한 차원을 분석할 때 이러한 차원이 조화롭게 작동하는 방식, 혹은 학습 환경이 차원을 둘러싸고 있는 방식에 세심한 주의를 기울이지 않고서 지향성, 목적, 끈기, 지각이라는 각각의 차원에만 집중한다면 우리는 길을 잃을 수 있다. 이러한 차원이 교실과 학교에서 어떻게 교차하여 만나는지에 대한 깊이 있는 논의는 2부의 7, 8장에서 다루어진다. 그러나 주도성의 다양한 차원에서 핵심적으로 이해해야 할 부분은 학생들이 복잡한 실천 공동체 내에 놓여 있는 상황이므로 학생과 학교, 구조, 기회 및 상호작용이 다 함께 학생의 주도성을 견인하고 발휘할 능력을 만든다는 것이다.

학생 주도성이 학교에 존재하려면 진심으로 교사와 학생이 수업의 장을 공유해야 한다. 교사는 학생이 정체성을 발달해 가는 방식과 학생이 학습자로, 또 주체적 개인으로 자리매김하는 방식에 중요한 역할을 한다. 학생들은 자신이 하는 일을 가치 있게 여기고 지속하며, 지향 및 아이디어와 마주하여 자신이 원하는 바를 이루기 위한 과제를 계속해야 한다. 주체적으로 행동해야 할 때가 왔을 때 학생이 아이디어와 기꺼이 씨름할 수 있어야만 교사도 학생 주도성을 지원하는 학습 환경과 학습 사건을 구조화하여 그들을 지원할 수 있다.

교사가 학생의 아이디어와 지향, 성취하고자 하는 목적을 어떻게 귀 기울여 듣고 지원할 수 있을까? 교사가 프로젝트를 공동으로 구성하고 학생들에게 주도성의 핵심적인 차원인 지각과 끈기가 어떻게 동시에 일어나는지를 보여 준 교실의 흥미 있는 이야기를 살펴보고자 한다.

바튼 등(Barton et al., 2008)의 연구는 학생들이 과학 학습활동 중에 어떻게 새로운 정체성과 학습 능력을 구성해 가는지를 보여 주었다. 중학생 아멜리아(Amelia)는 학급에서 곧잘 '문제아'였으나 과학 관련 활동에서 참여를 유도하고 사고를 확장해 준 교사의 지원 및 교실의 구조화된 활동 덕분으로 과학에 흥미가 생겼으며, 자신이 하는 일에 힘과 주도성을 가진 학생으로서의 정체성을 이어 갈 수 있었다. 그 단원을 공부하는 동안 아멜리아는 벌레라는 주제에 대해 흥미를 가지고, 지식이 풍부한 개인으로서의 정체성을 발견했다. 그녀는 자신이 하는 일에 가치를 부여했으며, 공동체에 의미 있게 참여하는 과정을 통해 과학자로서의 주도성을 깊이 있게 개발했다. "어떤 환경에서 개인이 무엇을 할 수 있는가는 개인이 그 환경에 들어가 무엇을 할 수 있는지와 변증법적으로 관계를 맺으며, 이는 참여할 내용이나 규칙에 대한 이해를 포함한다."(Barton et al., 2008, p. 75)

학생들이 자신을 지식이 풍부한 의미생산자로 지각할 수 있는 주체적 기회를 구성하는 힘은 사려 깊고 세심한 계획에서 나온다. 아메리카 원주민 학생의 비율이 높은 초등학교의 원주민 교사들과 나의 공동연구에서, 교사들은 학생이 자신의 목소리와 이야기를 담을 수 있는 활동을 구조화하도록 문화 관련 수업을 실천했다. 이들 교사 탐구 그룹에서 원주민 교사들은 끊임없이 자신의 실천에 대해 질문하고 비판적으로 분석했다. 그들은 교육과정 내에 원주민 학생의 목소리와 이야기 기회가 부족하다는 성찰을 공유했다.

교사 탐구 모임 세션을 마치고, 나는 학생들을 도서관으로 데려가서 말했습니다. "우리 민족이 쓴 책이 어디에 있을까요? 우리 부족 작가를 알고 있나요? 바로 여러분이 될 거예요." 그 후 그것은 정말 나의 비전이 되었습니다. 나의 비전은 내 아이들이 작가―정말 작가가 되는 것입니다. 나는 단지 그 말만 계속해서 했고……. 그 말은 계속해서 나에게 되돌아왔어요. 도서관에는 우리 부족 출신의 원주민 작가가 없지만, 그들이 첫 작가가 될 것입니다. 그 사실이 나를 흥분시켰어요. 나는 학생들과 협력적인 수업을 할 것입니다. 나의 학생들은 우리 도서관에 있게 될 최초의 원주민 작가 중 한 사람이 될 것입니다. 우리는 우리가 행하는 교육과정 내에서 우리

책을 만들 것입니다(Vaughn, 2016, p. 35).

    욜리(Yolie)처럼 탐구 그룹의 교사들은 영어와 부족 언어를 사용하는 학급의 이중 언어 책을 활동의 정점으로 하는 풍부한 단원학습을 개발했다. 교사들은 교육과정을 가르치기 시작할 때, 학생들의 문화와 정체성 및 강점에 반응하는 학습 기회를 교육과정 내에서 제공한다면 원주민 학생들이 주도성을 가지고 성공적인 문해력을 기를 수 있을 것으로 생각했다. 예를 들면, 브리에나(Brianna) 교사는 "우리가 이렇게 교육과정을 개발하는 것은 원주민 학생들이 좋은 작가가 되기 위해서이기도 하지만 그들이 자신을 표현할 방법이 있다는 점에서 더 중요해요. 그들이 그게 바로 나이고, 내가 여기 있다고 말할 수 있고, 자기 생각과 느낌을 소통할 수 있기 위해 우리 교사가 정말로 해야 할 일이 이것입니다."(Vaughn, 2016, p. 36)라고 했다.

    계속해서, 우리는 교사가 학생들의 언어적, 인종적, 문화적 배경을 지원하기 위해 신중하고 성찰적인 실천들에 참여한 흥미로운 연구들을 볼 수 있다. 예를 들면, 캄파노(Campano, 2007) 선생님은 실행 연구를 통해 학생들이 가족의 난민 경험에서 내러티브를 탐색하고 제작하는 교실 학습 경험을 구성했으며, 학생들에게 의미 있고 삶과 관련되는 학습 사건을 구성했다. 그렇게 하는 동안 학생을 경청하고 존중하는 공간이 형성되었다. 그는 그 경험을 다음과 같이 공유했다.

    프리실라(Priscilla)와 마-리(Ma-Lee)의 생존 이야기가 불가피하게 교육적 내러티브이기도 했다는 것이 저에게는 충격이었어요. 무엇보다 감동적인 것은 모든 학생이 각기 출신 배경은 달랐지만 학교 교육에 자신의 정서적 이입을 깊이 있게 주장한 것입니다. …… 우리 반 아이들의 성장은 적어도 어느 정도는, 그들이 자신의 경험이 가진 가치를 인정하도록 격려할 교실 공동체를 만들 수 있는 우리의 능력에 달려 있었다는 것이지요(pp. 68-69).

율리와 브리에나처럼 캄파노 교사도 학생들의 중요한 경험에 초점을 두고 자신의 실행을 검토하며 계획했다. 이 교실들에서 볼 수 있듯이 학생이 주도성을 발휘하는 공간을 제공하기 위해서는 교실의 참여 구조(participatory structure)가 필요하다. 교사들은 학생 스스로가 배우는 것을 소중히 여기고, 자신의 지향과 관련된 아이디어와 과제를 추구할 수 있다고 믿으며, 아이디어를 추구하기 위해 필요한 정도로 지속할 과제와 활동을 점차 발달시켜 나가야 한다. 이를 위해 어떻게 활동을 구성할 수 있을지 숙고해야 한다면 이때 동기적 차원이 핵심이 된다는 것을 이해하는 것은 매우 중요하다.

함께 생각해 보기

학생 주도성의 핵심은 주도성이 집단적 과정이며 학생이나 교사, 학교 중 어느 하나에만 해당하는 것은 아니라는 것입니다. 학교의 조직적인 구조가 유색 인종과 소외 계층의 학생들을 얼마나 배제해 왔는지를 이해하는 것도 중요합니다.

1. 학교가 학생, 부모/보호자, 지역사회 구성원 및 다른 관계자를 학교에 초대하는 방법은 무엇일까요? 우리가 학교에서 학생 주도성 기회를 더 많이 제공하기 위해 보다 포용적이고 문화적으로 민감하게 반응하는 과제와 활동을 구성하는 방법은 무엇일까요?

2. 학생은 자신이 학습하고자 하는 것에 대한 방향을 자신이 결정할 때 더 잘 배우므로 활동에 대한 학생의 지각을 이해하는 것은 중요합니다. 교실에서 학생이 행하는 과제에 대해 함께 대화해 보세요. 활동과 과제들이 그들에게 소중한지를 묻고 공유하세요. 학습을 지속하는 데 방해가 되는 제약들에 대처하는 전략은 무엇일까요?

4장 상호작용과 협상

가르침(teaching)은 단순히 읽기나 수학, 혹은 예술에 관한 것이 아니다. 오히려 가르침은 누구의 이야기를 듣고 경청하며 읽어야 하는지, 누가 수를 셀 수 있고, 누가 그림을 그릴 수 있는가에 관한 것이다. 그것은 누가 앞으로 나아가고 누가 뒤처지는가에 관한 것이기도 하다. 이런 의미에서 가르침은 정치적인 작업이며, 항상 그래 왔다.

－소니아 니에토(Sonia Nieto, 2006, p. 23)

학생 주도성을 이해하려면 학생이 공간 속에서 자신의 주도성과 어떻게 상호작용하고 협상하는지, 또 이러한 공간들이 학교에서 어떻게 구성되는지를 알아야 한다. 학생은 주도성만 가지고 행동하지는 않는다. 학생은 활동에 참여하고 자원과 도구를 활용하며 또래 친구, 선생님과 함께 복잡한 사회적 맥락 속에서 정체성을 가지고 참여하며 상호작용하고 협상한다. 교사와 또래 친구는 학생의 주도성을 촉진할 수도 있고, 주도성을 개발하는 노력을 저해할 수도 있다. 학생의 위치성은 이러한 주도성의 층위를 나타낸다. 똑똑함이라는 이론적 렌즈(Hatt, 2007, 2012)로 들여다보면 학생이 복잡한 공간 속에서 소통하고 참여하는 방식의 기저에 상호작용과 협상이 있음을 알 수 있다.

상호작용

교실 공간에서 학생이 위치를 정하거나 정해지는 방식이 교실 내의 기회에 참여하거나 기회를 수정, 확장하는 능력을 좌우한다. 교실 내 위치는 학생이 스스로 정하기도, 정해지기도 하는 것이어서 개인 차원으로만 개념화될 수는 없으며, 학생 주도성에 영향력을 행사하고 행동할 수 있는 능력을 지지하거나 저해한다. 학생의 위치가 어떻게 정해지는가를 생각해 보면 우리는 학교가 전통적으로 경쟁적이었으며 역사적으로 유색 인종의 학생과 소외 계층의 학생을 배제해 왔음을 인정해야 한다. 학교는 계속해서 일부 학생에게는 주도성을 행사할 수 있는 접근 권한을 허용하고, 나머지 학생들은 뒤처진 채 있게 했다.

메 학생으로 돌아가 생각해 보자. 메는 3장에서 학교 점심시간에 배출된 쓰레기를 목격한 후 점심 재활용 프로그램을 수행하기로 한 백인 여학생이다. 메의 선생님은 그녀를 지원했지만, 메의 아이디어가 학생회의 찬성을 얻고 지지를 받아야 한다고 했다. 그녀가 끈기 있게 지속한 것은 매달 학생회와 만나 설득한 그녀의 노력 덕분이지만 어떻게 그런 행동이 일어날 수 있었는지를 충분히 이해하려면 교실과 학교 맥락에서 메의 정체성과 위치가 어떠한지를 알아야 한다. 위치성은 학생이 학교에서 상호작용하고 아이디어를 협상할 수 있는 접근 기회를 제공하기 때문이다. 메는 자신이 속한 4학년 학급에서 선생님과 동료에게 '똑똑한' 학생으로 위치지어졌다.

> 똑똑함은 문화적 산물이지만……, 등급, 표준화된 시험 점수, 영재 프로그램 입학, 학력 등의 담론 및 유형의 문화 유물들을 통해 '실재하는' 것이 되었다. 그러한 유형의 문화가 학생의 학문적 정체성과 연결되고 기초가 되었으며, 시간이 지남에 따라 학생 자신의 지각과 능력에 영향을 미치게 되었다(Hatt, 2012, p. 455).

교실의 실천은 똑똑한 학생이라는 메의 정체성을 지원했다. 매주 학생들에게는 수업 중과 하교 후 독서 시간으로 간주되는 읽기 목표가 제시되었으며, 컴퓨터 독서 프로그램으로 점수도 부여받았다. 담임인 힐 교사(Hill)는 학생들이 컴퓨터 독서 프로그램 시험에서 받은 읽기 점수를 교실 전면의 화이트보드에 게시했다. 나는 그 교실의 연구자였고 힐 선생님 반 아이들과 옆 교실인 3학년, 5학년 학생들과 함께 방과 후 북클럽 활동을 하고 있었다. 어느 날 오후에 한 학부모가 와서 점수를 공개적으로 게시하는 것에 항의하면서 그런 보상체계가 자신의 아이와 '적절한' 점수를 받지 못한 다른 학생들을 얼마나 모욕하는지에 대해 언급했다. 힐 선생님은 자신이 한 일에 대해 변호하면서, 점수 게시가 학생들에게 동기를 부여했으므로 학부모의 의견은 사실상 잘못되었다고 응답했다. 그 학부모는 교장 선생님에게도 계속 항의했으나, 컴퓨터 독서 프로그램이 그 지역 전체에 사용되는 것이어서 교장도 혼자서 바꿀 수 없다는 대답만 들었다. 힐 선생님 학급의 이러한 공개적 게시는 학생과 교사 양쪽이 똑똑함으로 해석하는 유형물이 된 것이다. 내가 관찰하는 동안 매주마다 메의 이름이 게시판에 있었고, 다른 학생의 이름은 없었다. 이 학급 구조는 경쟁을 주입했고 똑똑하다고 인정된 학생들은 과외 활동을 할 수 있었다.

힐 선생님의 4학년 교실에서 똑똑함으로 해석되는 또 다른 유형물은 유치원 도우미 자원이었다. 교사 도우미로 다른 교실에 가는 것은 자신이 맡은 일을 끝내고, 고분고분하며, 힐 선생님이 유치원 동료 교사에게 도움이 된다고 생각하는 학생에게만 주어지는 특별한 임무였다. 메는 매일 일과를 마치고 자원봉사자로 유치원에 보내졌다. 그뿐만 아니라, 메는 영재 프로그램에도 참여했다. 이처럼 영재 혹은 말썽꾸러기라는 학생의 정체성은 유형물과 상호작용 및 대화로 개념화되는 것이다. 학생이 학교에서 위치지어지는 사회적 맥락과 방식을 이해하지 못한다면 우리는 학생 주도성을 개인이 가지거나 가지지 못한 것, 즉 생득적인 것으로만 보게 된다. 예컨대, 메는 주도성을 가지고 있지만, 교실과 학교에서의 위치 덕분에 아이디어를 추구하고 그 결과 주도성을 발휘할 능력을 갖추게 된 것이다.

대조적으로, 메의 반 친구인 제임스(James)는 힐 선생님이 말썽꾸러기라 여기는 학생이다. 나는 제임스가 쉬는 시간에 자주, 적어도 내가 연구를 수행하는 동안 일주일에 한 번은 벌서는 것을 볼 수 있었다. 제임스는 유치원 자원봉사나 영재 프로그램에도 참여하지 못했는데, 이 프로그램은 당시 교사 추천으로만 가능했다. 제임스는 힐 선생님이 제시한 독서 점수를 채워 화이트보드에 이름이 게시되는 일도 거의 없었다. 만약 제임스가 점심 재활용 프로그램을 제안했다면 어떤 일이 일어났을지 정확히 말하기는 어렵다. 하지만 제임스가 교실에서 가진 접근 권한이 제한적임을 고려해 볼 때 그가 자신의 아이디어를 편안하게 공유할 수 있었을지, 또 그의 아이디어가 그렇게 널리 받아들여졌을지는 의문이다. 학생 주도성은 누가 똑똑하다고 인정되는가의 정체성과 불가분의 관계에 있기 때문이다.

협상

똑똑함이라는 특성은 학생 주도성에 관한 논의에서 중요하다. 학교에서 누가 "가치 있는 지식"(Tyack & Cuban, 1997)을 가졌는지, 누구의 목소리와 의견이 경청되고 지원되는지, 누가 협상력을 가졌는지에 대한 맥락을 파악하는 데 도움이 되기 때문이다. 비판주의 성향의 학자들은 학교가 얼마나 오랫동안 유색 인종의 학생들과 영어가 모국어가 아닌 가정의 학생들을 소외시켜 왔는지를 강조한다(Flores, 2016; Mariscal et al., 2017). 잠재적 교육과정(hidden curriculum)은 "학생들이 학교에서 학습하는 방식이나 지식의 유형에 대해 배울 때, 그리고 자신의 권리에 비추어 어떻게 평가되는지를 배울 때 그들에게 부여되는 차별적 권한과 사회적 평가에 관한 암묵적인 메시지들로 구성되어 있다"(de Marrais & LeCompte, 1995, p. 207). 해트(Hatt, 2012)가 말했듯이, "학교에서 배우는 것에는 누가 똑똑'한지', 누가 똑똑'하지 않은지', 똑똑하다는 것은 어떤 의미인지가 포함되어 있다. 이러한 결정은 학생의 사회경제적 배경과 종족 정체성 인식에 기반한 교사의 기대를 토대로 이루어진다(p. 457). 우리는 학생 주도성에 대해 생각할 때 누가 접근 권한을 가지는지, 누가 똑똑하다고 여겨지는지, 그 정체성이 교사와 학교가 다른 학생들을 배제한 채 일부 학생에게 주도성을 활용하도록 어떻게 기회를 제공하는지에 대해 비판적으로 분석해야 한다. 교실에서 똑똑하다는 것이 어떤 의미인지에 대한 문화 생산의 일부로서 학생은 자신의 영향력과 지위를 행사할 수 있는 사람으로서의 정체성을 개발해 갈 것이다.

이러한 복잡성을 가중하는 것이 최근의 표준화된 평가에 대한 압박이다. 지난 30년간 미국에서는 교육에 대한 연방 및 주 정부의 관리 감독이 급격하게 증가했다. 제한을 가하는 정책 및 성과급제 조치로 인해 학교는 표준화된 평가에서 학생 성취를 보장하도록 내몰렸고 학생 주도성의 기회는 뒷전으로 물러났다. 전국의 많은 교육자가 표준화된 평가에서 학생의 수행을 향상하라는 지역 전체의 도전과 압력에 직면했기 때문에 학교는 누가 똑똑하고 똑똑하지 않은지, 수업 중 누구의 목소리가 중요한지에 더 주목했다. 그러나 교사만 비난받을 일은 아니다. 교사가 교실에서 즉각적인 영향력을 행사하는 것은 맞지만, 학교에서 주도성이 채택되지 않은 이유를 교사에게만 한정하는 것은 "편할지 모르지만 잘못된 것이다"(Wortham, 2006, p. 26). 정부, 주, 그리고 지역 차원에서의 더 큰 교육 담론과 같은 절차가 그러한 기회가 교실에서 실행될지, 혹은 실행되지 않을지를 더 잘 보여 준다.

교사들은 성과급제(pay-for-performance measures)의 압박으로 특히 읽기와 수학 같은 주요 과목에서 '두루 사용되는(one-size-fits-all)' 교수법으로 가르치지만, 이런 식의 수업은 "바로 그 의무교육의 대상이 되어야 할 학생의 삶의 궤적을 바꾸지 못한다"(Brenner & Hiebert, 2010, p. 361). 연방 기금을 받기 위해 학생의 성취도를 올려야 하는 압박이 행정가와 교사들에게 학생의 성취도 목표 도달을 종용하며, 이는 학생 주도성을 위한 교육 기회를 제공하지 못한다.

그러나 학생 주도성이 학생의 효과적인 학습에 중요한 차원이라는 주장은 많은 연구가 뒷받침하고 있다(Ivey & Johnston, 2013; Johnston et al., 2016). 1학년과 4학년의 훌륭한 교사들에 관한 연구 결과를 보면 효과적으로 수행하는 교사는 학생이 자율적인 의사결정을 하는 학습 환경을 조성했다(Pressley et al., 2001). 이러한 모범 사례의 교실에서는 "가장 효과적인 교사가 가장 덜 효과적인 교사에 비해 학생이 스스로 무언가를 하도록 더 많이 격려했다"(p. 17). 훌륭한 교사는 학습을 공동으로 구성해 가는 과정(learning as a co-constructed process)으로 보았으며, 학생이 자신의 학습을 추구해 나갈 때 스스로 관리하는 학습 기회를 더 많이 제공했다(Vaughn, Premo et al., 2020). 존스턴(Johnston, 2004)도 학생 주도성을 지원하는 능력이 교사 역할임을 강조하면서 다음과 같이 말했다.

> 교사와 아이들 사이의 대화는 아이들이 그들의 주도성을 발달시키는 행동과 결과 사이를 연결하도록 돕는다. 교사는 아이들에게 전략적으로

행동함으로써 일을 성취하는 방식을 보여 주며, 동시에 그들이 일을 성취할 수 있는 종류의 사람이라는 것을 알게 해 준다(p. 30).

학생의 흥미와 탐구에 열려 있는 교육과정을 통해, 교사들은 학생과 함께 협력적인 공간을 공동 개발할 수 있는 언어와 자원 사용 능력을 갖게 된다. 교사와 학교가 학생의 흥미와 배경을 인식하게 되면 그들은 교실 수업의 접근 방식을 그에 맞추고 학생들에게 의미 있는 과제를 개발하게 된다. 이러한 협력적인 공간은 학생의 학습과 주도성 발달에 풍부한 맥락을 제공한다.

교실 맥락에서 학생 주도성은 학습하는 동안 교사와 다른 학생들, 그리고 그 학생의 행동과 지향에 상호의존하며 조정된다. 사회적 매개 관점에서 보면 각 개인은 읽고 쓸 수 있는 능력을 배우는 동안 참여하거나 혹은 참여하지 않음으로써 집단 혹은 개인이 된다. 힐포 등(Hilppö et al., 2016)은 주도성이 사회적으로 어떻게 구성되는지, 개인이 어떻게 위치를 정하거나, 정해지는지에 대해 다음과 같이 설명했다.

우리는 주도성에 대한 감각을 사람들이 느끼고 그에 대한 서사적 설명을 할 수 있는 것, 그리고 특정 상황에서 사람들이 무언가를 하거나 하지 않기로 선택할 수 있는 것이라고 생각한다. 요컨대, 주도성은 개인의 능력과 열망, 그리고 주어진 실천에서 행동할 수 있다고 지각되는 기회들과 제한 사이에서 사회적으로 구성되는 관계라고 볼 수 있다(p. 51).

주도성은 학생들이 자신의 주도성을 개발하기 위해 각기 다른 실천에 참여하고 복잡한 학습 및 사회 환경에 참여하면서 사회적으로 구성되는 것이다. 그러므로 학생 주도성은 다면적이며 공동으로 구성되는 행동으로 기능한다. 예를 들어, 주도적 입장을 택해야 하는 학생은, 교실 실천의 중심이 될 대안적 결정을 하기 위해 개별적으로 혹은 다른 학생들과 함께 신중하게 행동을 취한다. 교사가 학생을 위한 특별한 활동을 학습 경험으로 구성할 수는 있으나, 수업 상황 안에서 행동하는 적극적 참여자는 학생이다. 학교 활동과 자료 및 구조가 학생들에게 ① 자신의 학습에 대해 중요한 결정을 할 수 있고, ② 자신에게 중요한 이슈에 대한 의견을 소리 내어 말할 수 있으며, ③ 특히 출신 배경으로 인해 대립적인 관점을 가지게 되었을 때 자신이 배운 것에 맞서 도전할 수 있는 자유를 허용한다면 학생 주도성은 발달할 수 있다.

학자들은 학문과 맥락을 넘어 학생의 상호작용과 협상이 학생의 주도성에 얼마나 많은 영향을 미치는지, 또 교사가 그러한 기회를 구성하는 데 얼마나 큰 역할을 하는지 강조해 왔다. 교육과정 개혁 중에서도 학생의 접근성과 목소리를 내는 능력을 부여하기 위한 노력은 특히 중요하다. 내가 교사들과 수행한 연구에서 많은 교사가 기존의 교육과정에서 나아가 학생 주도성 기회를 구성하기 위한 교육학적 재구성(re-envisioning)에 참여하였으며, 학생의 문화, 언어 및 배경을 교육과정의 귀중한 지식으로 배치하였다.

카일라(Kayla) 선생님은 "글쓰기 워크숍(Writing Workshop)[1]에서

---

1 Writer's Workshop이라고도 하며 학생들이 자신이 선택한 주제에 대해 자주, 오랜 시간 글을 쓸 때 가장 잘 배운다는 아이디어에 기반한다. 자신의 삶과 연결하여

필요한 요소를 포함한 다음, 나는 문화가 글쓰기의 중심이 되도록 최선을 다해요."라고 인터뷰에서 말했다(개인 대화, 2013년 6월 15일). 카일라와 마찬가지로 교사들은 원주민 교사들과의 경험 공유에서 얻은 문화적 반응 자원, 원주민 문화에 대한 이해, 부족 원로의 이야기, 작문의 기능과 역할에 대한 중요한 논의들, 예컨대 학생의 삶에 중요한 주제와 이슈에서 원주민의 목소리는 어디에 나타나 있는지를 교육과정에 포함했다.

> 나는 그 이야기들을 미니 레슨의 앵커 텍스트로 활용하고자 했어요. 앵커 텍스트는 우리가 작문 워크숍에 사용하는 것으로 나는 동물에 관한 실제 책을 사용하기보다 동물에 관한 이야기를 들려줍니다. 학생들에게 전통적인 책을 사용하는 대신 "벌새에 대해 무엇을 알고 있나요. 벌새는 코요테를 어떻게 도와주려 하나요?"와 같은 질문을 해요. 이야기에 대해 말하는 것은 학생들이 더 깊이 파고드는 데 도움이 된답니다(개인 대화, 2013년 6월 17일).

욜리 선생님은 동물의 특징에 관한 토론에서 '더 전통적인 종류의 책'을 사용하는 대신 이야기를 활용함으로써, 학생들에게 작문 수업에서 중요한 원주민의 문화에 더 깊이 파고들 기회를 제공했

> 자신만의 글을 완성하는 과정으로 교사 및 동료 학생과의 상호작용을 통해서 자신의 글을 편집, 수정, 발전시키는 방법을 배우는 공동 작업이며 상호협력을 전제로 한다. 글쓰기 워크숍은 대개 미니 레슨, 독립적인 글쓰기와 협의하기, 나누기, 출판하기의 구성요소를 포함한다.

다. 더 나아가 욜리 선생님은 "만약 그들이 이야기처럼 자신의 삶에 무언가를 연결하고 개인적인 관계를 맺을 수 있다면 그들은 글쓰기를 더 하고 싶어 할 거예요."라고 말했다(개인 대화, 2013년 6월 17일). 욜리 선생님은 앵커 텍스트로 전통적인 텍스트를 사용하는 대신 구두 이야기를 포함하는 방식으로 워크숍 모델을 재구성하였으며, 이는 학생을 지원하고 교육과정에 문화적 연계를 강화하는 방안이 되었다.

학교에서 강조되는 읽기와 쓰기 교육의 제한적인 접근 방법에 대응하는 이러한 교육과정 재구성 경험은 교사가 학생 주도성을 우위에 둔 기회를 어떻게 구성하는지, 학생들의 편에서 협상하고 상호작용할 수 있는 공간을 어떻게 구축할 수 있는지를 잘 보여 준다. 원주민 문화에 더 많은 초점을 둔 쓰기 교육과정에 대해 학교 전체 집단의 반응을 조사한 인터뷰에서 카일라는 다음과 같이 성찰했다. "작문 워크숍에 문화적 관련성을 포함한 것이 내 사고방식에 영향을 주었어요. 왜냐하면 우리는 색다른 방식으로─작문 수업에서 정말 전혀 다른 방식으로 글쓰기를 했기 때문입니다."(개인 대화, 2013년 4월 19일) 나아가 그녀는 다음과 같이 말했다.

이제 나는 수업을 할 때 문화를 가져오는 방식을 늘 생각해요. 나는 항상 문화와 통합하려고 노력하며, 내 수업에서 자료를 선정할 때 항상 문화와 연계하려고 노력해요. 나는 아메리카 원주민이며, 그 사실이 항상 나를 지지하고 있음을 알고 있거든요(개인 대화, 2013년 5월 4일).

그러한 성찰은 교사의 정체성 인식이 그들의 교육 접근 방법에

얼마나 많은 영향을 주었는지를 강조한다. 카일라 선생님은 자신
과 학생들에게 아메리카 원주민으로서의 정체성을 지원하는 방법
으로 계절을 포함하는 시(poetry) 단원을 개발했으며, 중요한 문화
활동 및 자원과 연계했다고 서술했다(Vaughn, 2016).

교사가 주도성을 함양할 수 있는 기회를 구성하는 방법을 이해
하려면 실천에서 학생들의 언어적, 문화적, 인종적 정체성을 포함
하는 맥락을 제공하는 것이 핵심이라는 것을 알아야 한다. 예를 들
어, 에드워즈와 달시(Edwards & D'Arcy, 2004)는 학생의 언어 능력
에 초점을 맞추어 학생 주도성이 교육 활동에서 어떻게 뿌리내리
는지를 서술했다. 그 연구에 의하면 이중 언어 사용자인 31명의 중
학생은 교생 선생님으로부터 각자의 모국어를 가르쳐 달라는 요청
을 받았으며, 그들은 지식이 풍부한 학습자 및 의미생산자의 위치
에서 자신의 지식과 주도성을 증명하고 아이디어를 공유하는 노력
을 인정받았다. 학생들의 언어는 아랍어, 벵골어, 보스니아어, 중
국어, 크리올어, 쿠르드어, 펀자브어, 세르비아어, 소말리아어, 타
이어, 우르두어 등으로 다양했다. 이러한 학습 환경에서는 모든 것
을 아는 존재(all-knowing)라는 전통적인 교사상이 뒤바뀌어 "교실
역학의 전통적인 힘이 흩어지고……. 새로운 학습 영역이 만들어
져 그 속에서 학생과 교사는 이동의 자유가 더 많아지고 새로운 참
여 경로가 가능해진다"(Edwards & D'Arcy, 2004, p. 153).

이와 비슷한 사례로 5학년 학생 두 명이 수학 수업에서 어떻게
자신의 주도성을 발휘했는지를 생각해 보자(Brown, 2009). 주도성
을 함양할 수 있는 기회는 교사가 학생들을 주체적 지위에 두는 유
연하고 지원적인 환경을 구성할 때 일어날 수 있다. 브라운 선생

님(Brown, 2009)은 킴(Kim)과 타냐(Tanya)를 언급했는데, 그 두 여학생은 처음에는 수학을 사실과 절차로 보았으나, 결국에는 수학을 개념적 이해로 인식하고 자신의 주도성을 끌어낼 수 있는 통로로 보게 되었다. 이 학생들은 말하자면 '다른 사람을 지지하고 지지를 요청할 수 있는 능력'인 주도성을 가지고 행동할 수 있었다 (Edwards & Mackenzie, 2005).

가르시아 등(Garcia et al., 2015)은 그 지역사회의 중요한 주제와 관련해 디지털 결과물을 개발한 고등학생의 주도성에 관해 서술했다. 그 고등학생들은 실행 연구 프로그램의 일부로 중요한 주제에 관해 연구하고 멀티미디어로 발표하는 과정에서 주도성을 발휘했으며, 정치 사회적 주제에 대한 수준 높은 이해를 입증했다. 이 학생들은 미국교육 연구협회(American Educational Research Association: AERA)에 초청되어 자신의 결과물을 발표했다. 그들은 실행 연구 프로젝트 진행과 국제학술대회 발표를 통해 지식과 자원이 풍부한 사람으로 자리매김했으며, 지식이 풍부한 학습자 및 주체적인 학생 역할을 통해 주도성에 대한 감각을 한층 더 고양했다.

뉴올리언스 여정은 한 사람을 변화시킨 경험이었습니다. 내가 이렇게 혁명적이라고는 미처 생각하지 못했는데 AERA 경험으로 나는 이 분야에 나의 미래가 있음을 알았습니다. 그 경험은 나에게 내가 앉아서 억압받을 사람이 아니라고 말했어요. 내가 변화의 옹호자가 될 사람이라 말했어요. 교육자와 관리자 분들이 우리가 작업한 것에 박수를 보내는 것을 듣고 나는 내가 변화를 만들 수 있다는 것을 깨달았어요(Garcia et al., 2015, p. 164).

우리는 또 다른 주도성의 기회를 더 어린 학생에서도 볼 수 있다. 다이슨(Dyson, 1997)의 연구에서 2학년, 3학년 학생인 홀리(Holly) 와 티나(Tina)는 선생님, 친구들과 함께 슈퍼 히어로에 대해 토론 하면서 주도성을 나타내는 도구로 글쓰기를 활용했다. 특히 티나 는 "주어진 가능성에서 다른 선택을 함으로써 관계를 재구성했다. 새로운 방식으로 등장인물의 존재를 부정하거나 확장하고, 전면에 세우거나 다시 연결했다"(Dyson, 1997, p. 112). 교실은 학생들이 주 도성을 발휘하기 위해 자료와 자원을 가지고 놀 기회를 제공할 수 있는 유연한 구조여야 한다.

학교가 학생의 아이디어와 프로젝트, 흥미를 지원하는 자원과 공간을 제공할 때 주도성을 위한 공간이 구축된다. 교실 구조와 지 원이 교실과 학교에서 학생들이 주도성을 협상하고 상호작용할 기 회를 제공한다. 학생들의 위치가 정해지는 방식, 학교에서 공간이 구성되는 방식을 이해하면 학생 주도성을 어떻게 함양해야 할지를 알 수 있다. 학생들은 이용 가능한 자원과 도구를 사용하는 활동에 참여할 수도 배제될 수도 있으며, 사회적 상호작용을 하는 동안 자 신의 주도성을 협상하게 된다. 학생들이 똑똑하고 지식이 풍부한 사람으로 위치지어지는 방식은 이러한 복잡한 공간에서 주도성을 실행할 수 있는 기회를 제공한다.

학생 주도성의 핵심 원리로 위치성을 언급할 때, 협상과 상호작 용은 주체적 정체성이 유동적이며 교실에서 계속해서 이동하고 변 화한다는 점을 강조한다. 주도성은 개인에게만 해당하는 것이 아 니며 오히려 다른 사람들, 자료 및 자원, 학교 교육이라는 역사적 기관과 연계되어 있다. 교육기관을 학생 주도성의 장소로 구성하려면 특히 학교에서 역사적으로 소외된 학생들이 학습 공간에서 어떻게 위치지어지는가에 대해 의문을 품어야 한다. 또한 교육 실천에서 모두의 목소리가 들리고 포함되는 공정한 학습 공간이 제공되는지에 대해 모두가 비판적이고 성찰적으로 검토해야 한다.

함께 생각해 보기

학생 주도성은 학생이 ① 학습에 대해 중요한 결정을 내리고, ② 자신에게 중요한 이슈에 대해 목소리를 내며, ③ 배운 것에 도전하는 자유를 허용하는 구조에 깊숙이 내재합니다.

1. 학생들이 학교에서 이러한 실천에 참여할 수 있도록 허용하는 현재의 구조와 지원은 무엇인지 성찰해 보세요.

2. 유색 인종의 학생들과 소외 계층의 학생들이 학교에서 이러한 실천에 참여할 수 있도록 허용되는 현재의 구조와 지원이 무엇인지 성찰해 보세요.

3. 앞의 질문 1, 2에 대한 여러분의 응답에 차이가 있습니까? 관리자에게 이러한 차이를 서술하고, 여러분이 보고 있는 불평등을 재구상하는 방안에 대해 제안하는 편지를 써 보세요.

4. 학교의 똑똑함에 대한 생각을 비판적으로 검토해 보세요. 똑

똑함에 대한 개념이 오늘날의 교육적 맥락에서 학생들을 어떻게 더 소외시켰나요? 이 문제를 지역, 주, 국가 또는 세계적 맥락에서 생각해 보세요. 교육자들이 학교에서 똑똑함의 개념에 도전하는 더 공정한 공간을 만들기 위해 노력해야 할 전략과 실행에는 어떤 것들이 있을까요? 학생 주도성의 결과는 무엇일까요?

2부

:

학생 주도성을 어떻게 기를 것인가

5장 학생들은 주도성을 어떻게 경험하고 말하는가

> 학교에서 주도성을 지원하는 방법은 학생들과 이야기를 나누고 들어주는
> 것으로 충분해요.
>
> −9학년 여학생

    교사들은 학생의 학업 성취도를 높여야 하고 성과급 차등 지급에 대한 압박을 받는 등 다양한 요구에 시달리고 있다. 학생의 성취 수준 도달과 과정 중심 평가, 학부모의 다양한 요구 사항 등 고려해야 할 것도 많다. 학생들이 무엇을 하고 있는지, 그들의 흥미, 아이디어, 관점에 대해 이야기를 나누는 것은 쉬운 일이 아니며 매일 할 수도 없다. 하지만 이런 상황에도 나에게 가장 가치 있었던 일은 학생들 옆에 앉아서 학교에 대한 이야기를 나누는 시간이었다. 당시 나는 학생 주도성보다는 학생이 읽기 활동에 흥미를 가지고 참여할 수 있는 기회를 제공하는 방법에 더 집중하고 있었다. 학생들

과 몇 번의 토론을 한 뒤, 나는 학생들이 교실에서 했던 일부 활동에 대해서는 더 많은 흥미를 가지고 쉽게 접근한다는 사실을 깨달았다. 학생들은 그동안 내가 교실에서 실천해 온 활동에 대해 성찰할 수 있도록 자신의 의견을 공유해 주었다.

- 챕터북을 읽는 것은 좋았는데 책이 너무 길거나 오래 읽으면 짜증이 나요. 그렇지만 챕터북은 읽는 방법을 연습할 수 있어서 좋아요.
- 나는 마음대로 책을 골라 읽을 수 있는 리딩센터 책 읽기 활동이 가장 좋아요. 주제 바구니와 DEAR(Drop Everything and Read)[1] 가방에서 선생님이 책을 골라 읽어 주실 때만 제외하면 읽고 싶은 책을 아무거나 골라 읽을 수 있어요.
- 나는 정해진 시간표대로 하는 게 싫어요. 너무 지루해요.
- 교실에서 책 읽기 활동 중 제일 재미있는 부분은 다양한 책이 있는 리딩센터예요. 왜냐하면 리딩센터에는 많은 책과 정보, 그리고 우리가 만든 책이 있기 때문이에요. 우리는 오랜 시간 노력해서 책을 만들고, 출판하고, 함께 읽은 다음 집으로 가져왔어요. 나는 호박, 퍼지 베어(fuzzy bear)에 관한 책을 출판했고 직접 만든 책을 읽었어요.
- 나는 친구와 함께하며 재미있는 활동을 할 수 있기 때문에 친

---

1 책 읽기 습관을 꾸준히 기르기 위해서 정해진 시간에 학생의 흥미와 관심에 따라 책을 선택하여 읽으면서 독서의 즐거움을 느끼고 자연스럽게 문해력을 향상시킬 수 있는 독서 프로그램이다.

구와 함께 책 읽는 활동이 좋아요.

- 나는 RAT(Read Anything)[2] 읽기 활동이 제일 좋아요. RAT에서는 어떤 책이든 읽을 수 있는데 Leapfrog[3] 같은 소리 나는 책도 읽을 수 있어서 정말 좋아요. 원하면 헤드폰 없이 읽을 수 있고 가끔씩 여러 책을 골라 한 권씩 큰 소리로 읽어도 돼요. RAT 안에 있는 어떤 책이든 마음대로 읽을 수 있어요. RAT 활동을 더 하고 싶어서 다른 수업 활동을 건너뛰기도 했어요.

나는 학습 활동에 대한 학생들의 이야기를 들으며 그동안 내가 실천했던 수업에 대해 많은 성찰을 할 수 있었다. 학생들은 내가 생각했던 것보다 읽기에 대해 구체적인 아이디어와 흥미를 가지고 있었고, 나름의 이해를 하고 있었다. 또한 내가 생각했던 것보다 교실에서 독서를 어떻게 가르치고 있는지에 대해 잘 알고 있었다. 많은 학생이 시간표 상의 활동이 지루하다고 표현했음에도 불구하고 나는 왜 포기하지 않고 진도를 계속 이어 갔을까? 학생에게 주제 바구니에 대한 읽기 책을 선택하게 하고, 학생이 읽고 싶은 방식(짝과 함께 읽기, 혼자 읽기, 에듀테크 활용하여 읽기 등)을 선택할 수 있는 기회를 왜 제공하지 않았을까? 학생들과 수업 활동에 대한 생각을 나누는 토론을 하고 난 뒤, 나는 그동안 학생들과 수업에 대한 이야기를 나눠 볼 생각을 단 한 번도 하지 못했던 것이 후회되었다. 학

---

2 원하는 책을 선택하여 눈으로 읽기, 들으면서 읽기, 소리 내어 읽기, 돌아가면서 읽기 등 다양한 방식으로 책을 읽을 수 있는 독서 프로그램이다.

3 버튼을 누르면 소리가 나는 영어책을 말한다.

생들의 이야기를 들은 후, 나는 모든 학생에게 공정한 수업 실천을 위해서는 학생의 말을 경청하고 그들의 학습 경험에 대한 이야기를 듣는 것이 필수적이라는 것을 깨달았다.

　학교가 학생과 학생 주도성을 지원하려면, 학생이 자신의 생각과 학습 경험에 대해 말하는 것을 이해하는 것이 중요하다. 학생은 자신이 말하고 행동하는 것과 주도성을 높이기 위해 학습 활동이 어떻게 구성되어야 하는지에 대해 강한 목소리를 낼 수 있다. 연구자들은 학생의 목소리가 교사의 수업 실천 및 학생의 학습 기회를 구조화하는 과정에서 중요한 역할을 한다는 것을 반복해서 이야기하고 있다(예: Dyson, 2020; Mayes et al., 2017; Quinn & Owen, 2016). 모든 연령대의 학생들은 자신이 무엇을 배우는지, 어떻게 배우는지 안다. 또한 그들은 학습 환경이 자신의 생각과 의사결정, 그리고 주도성을 지원하는지 아닌지에 대한 통찰을 교사와 학교에 제공할 수 있다.

　바흐친(Bakhtin, 1981)의 대화론(dialogism)[4]은 학생의 관점으로 본 주도성, 복잡한 학습 공동체 내에서 주도성이 연결되는 방법, 교수 실천에 주도성이 미치는 영향에 대한 이데올로기적인 관점에 대해 철학적 렌즈를 제공한다. 바흐친(Bakhtin, 1986)은 학교와 같은 특정 사회 안에서 교실과 같은 다양한 공동체에 의하여 사용되는 능동적, 상황적, 기능적 언어들의 특성에 관한 목소리 이론을 연구

---

4 Bakhtin의 대화론(dialogism)은 대화 속에서 '나'와 '남'은 독립된 개별로서의 존재가 아니라 상호 소통과 조정의 역동적 관계를 형성하며 세계를 공유하는 사회적 존재로 본다.

했다.

　바흐친(Bakhtin, 1981)은 "다른 사람과의 대화(dialogue)에서 사람들은 과거와 현재에 따른 맥락의 의미, 의도, 억양이 포함되는 발언에 자신의 목소리를 담아낸다."고 주장한다(p. 293). 대화론주의자(Bakhtinian)의 관점에서 목소리는 의사소통을 지속하기 위해 사용되는 음성, 문자, 그리고 비언어적 형태의 모든 언어요소를 포함한다. 의사소통 과정에서 학생이나 교사가 하는 말은 그들 자신의 과거와 현재의 목소리, 그리고 다른 학생이나 교사들의 목소리와 관련이 깊다. 학생들은 복잡한 사회적 맥락의 한 부분으로서 자신의 흥미, 욕구와 동기를 표현하기 위해 목소리, 학습 자료 및 학습 자원을 활용한다. 따라서 학교 전체의 교육활동이 실행될 때 학생 주도성이 어떤 역할을 하는지를 이해하려면 학생들이 학교에 대해 어떤 생각을 갖고 있는지 귀 기울여 듣고 이에 대해 고민해 보는 것은 당연하다. 다양한 학교 교육활동을 직접 경험한 학생들이 생각하는 주도성이란 무엇인가? 나는 학생들에게 주도성이 무엇인지, 주도성을 가진다는 것이 어떤 의미인지, 주도성을 가진다고 느꼈던 경험이 있는지, 학교가 학생 주도성을 지원하기 위해 할 수 있는 것이 무엇이라고 생각하는지를 비교적 최근에 질문하기 시작했다. 학생들이 교실에서 주도성을 어떻게 경험하는지를 이해하기 위해 이러한 질문에 대한 학생들의 흥미로운 응답을 소개하고자 하며, 나와 동료 학자들의 연구에서 학생 주도성에 관해 교실에서 관찰된 통찰을 제공하고자 한다.

학생들은 주도성에 대해 무엇을 말해야 하는가

학생들과 주도성에 대한 이야기를 나누다 보면, 많은 학생이 학습자로서 자신의 목소리를 낼 수 있는 힘과 학습자로서 자신의 역할을 선택할 수 있는 힘이 중요하다고 강조한다. 학생들이 주도성을 가졌다고 느끼는 경우, 그들은 지식이 풍부한 의사결정자(knowledgeable decisionmakers)이자 학습 맥락에서 영향력을 행사할 수 있는 개인의 위치에 있었다. 학년의 구분 없이 학생들은 주도성을 중요하게 생각했다. 주도성이란 무엇을 의미하는지를 질문했을 때 나온 학생들의 반응을 함께 살펴보자.

목소리와 선택권

주도성이란

"주도성이란 내가 관심 있는 것을 하기 위해 선택권을 가지고, 내 생각을 말할 수 있는 것을 의미해요."

—5학년 여학생

"학생인 저에게 주도성은 제가 받는 교육에 대해 발언권을 갖는 것을 의미해요. 내가 배워야 할 것과 배우는 방법에 대해 직접 목소리를 내는 것이 허용되는 것이에요. 나를 포함한 모든 사람은 모든 일에서 자신만의 방식

이 있어요. 선택권을 가진 학생들은 할 수 있는 최선의 방법으로 학습하는
방법을 찾아내고 활용하게 돼요."

—7학년 여학생

"주도성은 학교에서 '목소리'를 내는 것이에요."

—10학년 남학생

"주도성은 내가 미래를 위한 공부를 하면서 목소리를 내는 것이에요."

—12학년 여학생

"주도성은 학교에서 배우고 싶은 것과 배우는 방법에 대해 '목소리'를 내
는 것이에요."

—11학년 여학생

"주도성은 선택권을 가지고 우리가 교실에서 하고 싶은 일과 할 수 있는
것에 대해 말할 수 있는 것을 의미해요."

—4학년 여학생

"주도성은 학생들이 할 수 있는 것에 대해 발언권을 갖는 것을 의미해요."

—6학년 여학생

"주도성은 학교에서 일어나는 일을 말할 수 있는 언론의 자유와 발언권을
갖는 것처럼 느껴져요."

—8학년 남학생

"학생으로서 목소리를 낸다는 것은 내가 학교에 더 많이 참여하고 더 가치
있다는 느낌을 가지게 해요."

—9학년 남학생

"학생으로서 주도성을 갖는 것은 큰 의미가 있어요. 우리는 교육활동에 대한 안내를 받으며 교육에 참여하기 위해 목소리를 낼 수 있어요. 다른 사람들이 당신을 대신해 주기를 기다리지 않고 능동적으로 학습에 참여하는 것이 중요해요."

－6학년 여학생

"투표를 하거나 수업을 선택하는 가운데 학교 전체의 의사결정을 할 수 있게 되었어요."

－6학년 남학생

"주도성은 나의 하루가 어떤 모습일지, 학교에서 어떤 활동을 하고 싶은지 선택할 수 있다는 것을 의미해요. 온라인 학습, 책 읽기, 강의, 실습 또는 그 밖의 어떤 것일지라도 내가 하고 싶은 공부를 선택할 수 있는 것이 주도성이에요."

－7학년 여학생

"주도성은 내 의견을 다른 사람들과 자유롭게 이야기하여 더 나은 발전을 할 수 있는 것이에요. 우리는 주도성을 발휘해서 학교 시스템이나 규칙을 만들 수 있어요."

－3학년 남학생

"학생으로서 주도성을 가지는 것은 내가 고등학교 이후에 되고 싶은 것에 대해 더 많이 배울 수 있도록 도와줄 것이라고 느끼게 해요. 비록 그 수업이 기본적인 것만 포함하더라도 말이에요. 나는 여전히 학교가 학생들이 다양한 과목의 수업을 듣도록 해야 한다고 생각해요. 특히 저학년일 때는 학생들이 다양한 과목의 수업을 듣고 자신이 무엇을 즐기는지 선택할 수

"있도록 도와줘야 한다고 생각해요."

-8학년 남학생

학생들은 주도성에 대한 강력한 통찰을 가지고 있었다. 학생들의 반응은 주도성이 무엇인지, 주도성이 될 수 있는 것이 무엇인지에 대해 설득력 있는 정보를 제공해 준다. 학교는 학생들이 주도성을 경험했거나 의문을 가졌던 것에 대해 학생들의 목소리를 들음으로써 학생 주도성에 도움이 되는 교육활동을 구조화하는 방법을 재고하기 시작한다. 학생 주도성을 지원하고 학교 교육활동을 실행하는 과정에서 학생의 목소리를 반영하는 확실한 방법은 앞에서 소개한 것과 같이 학생들과 대화를 나누는 것이다. 또 한 가지 방법은 학교가 참여적 실행 연구(participatory action research)[5]를 통해 학생들을 통합 연구자, 관찰자 및 변화 주체가 되는 과정에 참여시키는 것이다. 학생과 지역사회는 참여적 실행 연구에 참여하는 과정에서 공동체의 변화를 이해하고 행동하는 경험을 통해 학생의 집단 주도성을 길러 갈 수 있다(Cook-Sather, 2020). 학생들 스스로가 학교에서 주도성을 만들어 가는 협력자로 인식하게 되면 긍정적 결과를 가져온다. 퍼거슨 등(Ferguson et al., 2011)은 참여적 실행 연구를 진행하면서 학생들이 주도성을 가지면 학교의 의사결정과정에서 더 많은 대화를 나누게 된다는 것을 발견했다. 교사 또한 학생들이 더 많은 주도성을 가질 수 있는 활동을 구조화하는 방법

---

5 참여적 실행 연구(Participatory Action Research: PAR)는 문제 해결에 초점을 맞춰 연구에 참여하는 사람들의 직접적 협력을 통해 해결방안을 마련하는 연구이다.

을 알아 가게 된다는 연구결과를 다음과 같이 얻었다.

> 교사들은 학생들이 정규 수업과 방과 후 과정에서 더 많은 선택권을 갖
> 고 자신의 선택을 명확히 하도록 도왔다. 특정 주제와 관련해 학생들이 사
> 회적 기술을 활용하게 하고 효과적인 모둠학습을 개발하기 위한 수업을 만
> 들어 가는 데 최선을 다했다. 교사들은 학생의 생각을 지속적으로 끄집어
> 내는 데 관심이 있었다. 교사는 학생에게 피드백을 요청하고, 학생이 자신
> 을 표현할 수 있는 더 많은 기회를 제공하며, 학생들과 더 나은 관계를 만들
> 어 가기 위해 노력하는 과정을 공유했다(Ferguson et al., 2011, p. 68).

　참여적 실행 연구에서 보여 준 실천들처럼 학교는 실제적인 전략과 학교 전반의 구조(schoolwide structure)를 통해 주도성을 함양하기 위한 활동과 기회들에 대해 의도적으로 학생의 목소리와 피드백을 포함시킬 수 있다. 브라소프와 스펙터(Brasof & Spector, 2016)는 학생과 지역시민 참여를 포괄하는 학교 신념 체계(belief system)를 적용함으로써 학생의 목소리와 주도성을 중심에 둔 학교 교육활동 실천이 어떻게 이루어지는지를 보여 준다. 이 과정에서 학교 구성원은 주도성에 대한 자신의 기본 원칙, 신념 및 규범을 검토하고 학생의 목소리와 학교 전체의 민주시민 문화를 육성하는 데 중점을 둔 신념 체계를 개발할 수 있었다. 이러한 연구는 학생이 교육과정, 학교 조직 및 실행과정에서 자신의 목소리를 공유할 수 있는 기회가 포함됨으로써 학교가 학생 주도성을 기를 수 있다는 것을 강조한다.

지식이 풍부한 의사결정자

홍미롭게도 학생들은 학교의 특정 구조, 혹은 교사 및 관리자와의 관계가 어떻게 학생 주도성을 지원할 수 있는지에 관한 통찰을 제공했다. 학생이 지식이 풍부한 의사결정자(as knowledgeable decisionmakers)로서 어떻게 주도성을 느끼게 하는가에 대해 그들의 생각을 살펴보자.

> "6학년 때 프로젝트 중 하나가 STEM 수업이었어요. 학기가 끝나면 모든 학생들이 캡스톤 프로젝트(Capstone Project)를 완료해야 했어요. 주요 지침은 우리가 좋아하는 것에 대해 프레젠테이션을 하고 그것이 과학, 기술, 공학, 예술, 수학과 어떤 관련이 있는지 이야기하는 것이었지요. 우리는 스스로 주제를 찾고 발표하는 방법을 선택할 수 있었어요. 나는 스스로 결정을 내릴 수 있는 기회를 주는 프로젝트 과제가 마음에 들었어요. 캡스톤 프로젝트를 하면서 음악과 기타, 그리고 그것들이 과학, 기술, 예술과 어떤 관련이 있는지에 대한 구글 프레젠테이션을 만들었어요. STEM 선생님은 이 프로젝트를 정말 좋아하셨고 제 발표를 경청하셨어요. 학생 모두 각자 결정할 수 있는 자유가 있었기 때문에 우리의 프로젝트는 모두 독특하고 좋았어요."
>
> —7학년 여학생

> "학생으로서 주도성을 갖는다는 것은 학생과 선생님, 관리자 사이의 신뢰 수준에 대해 많은 것을 의미한다고 생각해요. 우리 고등학교에서 대부분의 학생들이 주도성을 경험했던 한 가지는 점심 시간 오픈 캠퍼스 정책(open campus policy)이었어요. 오픈 캠퍼스 정책은 학생들이 캠퍼스 안

팎 어디든 자유롭게 다닐 수 있고 다음 수업 시간까지 학교에 돌아오면 되는 것이었어요. 하루 중 이 시간이 학생들에게 진정으로 독립심과 더 많은 권리를 가진다는 것을 느낄 수 있게 해 주는 것 같아요. 학교의 교직원이 학생에게 이러한 자유를 허락하는 것을 보면 엄격하게 다룰 수 있는 다른 문제도 학생의 입장에서 더 많이 이해할 수 있다고 생각해요. 저를 포함한 많은 학생이 주도성을 경험하는 또 다른 한 가지는 한 학기 동안 깊이 공부할 주제를 스스로 선택하고 과제와 관련된 연구와 관련 과제를 수행하는 ELI(Extended Learning Internship)[6]라는 수업이에요. 나는 작은 어른처럼 느껴지고 혼자 힘으로 자유롭게 대학교 졸업논문 같은 ELI 집중 프로젝트를 해결할 수 있었어요. 이 과정에서 동료로부터 신뢰와 존경을 받아요. 물론 우리를 이끌어 주는 선생님(supervisor)이 계시지만 선생님의 역할은 우리가 ELI 프로젝트를 제대로 진행하고 있는지를 확인하고 지원하시는 정도예요. 그런 의미에서, 학생 주도성을 갖는 것은 완화된 방식으로 나만의 세상에 들어갈 수 있게 허락되는 진정한 방법이라 생각해요. 좀 더 구체적으로 말해서 나는 교육의 한 부분으로 주도성의 기회를 갖지만 이런 경험은 졸업 후 내가 겪게 될 세상에 앞서 작은 세상의 흐름을 경험하며 선택권을 가지게 되는 거라는 생각이 들었어요. 학생으로서 주도성을 갖는 것은 나에게는 좋은 삶의 연습처럼 느껴졌어요."

−11학년 여학생

---

6 캡스톤 프로젝트(Capstone Project)와 ELI(Extended Learning Internship)는 일종의 졸업 전시회 같은 것으로, 배운 것 중 자신이 관심 있는 분야에 대해 여러 사람 앞에서 학생 주도적으로 발표하는 것이다.

학생이 지식이 풍부한 의사결정자로 생각될 때, 학생은 주어진 환경을 변화시키고 자신의 의도와 아이디어를 추구할 수 있는 잠재력을 갖게 된다. 캄파노 등(Campano et al., 2013)은 99%의 흑인으로 구성된 공립 차터 스쿨[7]에 대한 연구를 진행했다. 연구자들은 학생 중심의 교육과정 실행과 비판적 문해력 교육을 통해 학생이 어떻게 지식의 의사결정자가 되어 가는지를 기록했다. 그 결과, 학생들은 "다른 사람을 지지하고, 다른 사람의 삶에 영감을 줄 수 있는 역할을 하는 지식이 풍부한 의사결정자가 되는 방법을 알게 되었다." (p. 118)는 결과를 도출했다. 케일러(Keiler, 2018)의 연구도 두 도시의 고등학교 학생들이 수동적 학생이 되기보다는 학습 과정에서 능동적인 역할을 하는 방법을 탐색했다. 그 결과, 학생들은 과학 학습에 참여를 촉진하는 학습 환경을 통해 주도성을 강화하게 되었다. 교사와 학교가 학생 주도성을 지지하는 가장 설득력 있는 방법은 학생을 지식이 풍부한 의사결정자로 생각하는 것이다.

학생들은 선택권과 목소리를 가졌다고 느끼는가

선택권과 목소리가 학생 주도성의 중요한 측면이라는 점을 감안할 때, 나는 학생들에게 교실과 학교에서 선택권을 가지고 목소리를 나눈 경험을 공유해 주길 부탁했다. 흥미롭게도 학생들은 선택권을 가지고 목소리를 나눈 경험이 매우 적음을 알 수 있었다. 학생

---

7 우리나라의 자율형 공립 고등학교와 유사하며 전인교육 및 창의적 교육방식을 추구한다.

들이 선택권과 목소리를 가져 본 경험은 전혀 없다에서부터 학교 밖 활동에서의 선택권과 목소리 경험까지 다양했다.

"교실에서 우리에게 주어지는 선택권은 많지 않은 것 같아요. 선생님이 세우신 하루 계획은 변경되지 않고 우리가 변경할 수도 없어요."

−4학년 여학생

"나에게는 선택권이 거의 없어요."

−7학년 여학생

"학생으로서 나에게 선택권이 많지 않다고 느껴요. 왜냐하면 무엇인가를 선택할 수 있는 기회보다는 선생님의 지시가 더 많으니까요."

−8학년 남학생

"내셔널 아너 소사이어티(National Honor Society) 및 베타 클럽(Beta Club)[8]과 같은 동아리를 제외하면 학교에서 낼 수 있는 목소리가 없는 것처럼 느껴져요."

−11학년 여학생

"선택의 자유가 없는 것 같아요."

−11학년 여학생

---

8 내셔널 아너 소사이어티와 베타 클럽은 성적, 리더십, 봉사심, 인성이 모두 겸비된 우등생을 위한 동아리이다.

"다소 선택권이 있지만 충분하지는 않아요. 목소리를 자유롭게 낼 수는 있지만 변화는 일어나지 않을 거예요."

—12학년 여학생

"선택권과 목소리는 거의 없어요. 몇 분의 선생님을 제외한 대부분의 선생님은 우리가 선생님의 일정을 따르도록 하시는 것 같아요."

—12학년 남학생

"선택권이 많은 것 같지는 않아요. 많은 수업이 머리를 숙이고 공부만 하는 느낌이 들지만, 또 일부 선택권과 의사결정권이 주어지는 수업에서는 어떻게 중요한 정보를 수집해야 하는지 잘 모르겠어요."

—8학년 남학생

"선택권을 가지는 일은 매우 드문데 저에게는 딱 한 번의 경험이 있어요. 작년 기하학 수업에서 일어난 일이에요. 3월 말까지 기하학 수업 자료를 훑어보았어요. 선생님은 우리에게 '대수학 II'를 배우고 싶은지 물었어요. 우리는 다음 해에 '대수학 II'를 먼저 하기로 동의하고 시작했어요. 그 외에는 선택권에 대한 경험이 없어요. 대부분의 선생님은 학생들에게 선택권을 주지 않고 동료 교사와 함께 학생에게 가르칠 내용을 결정하세요."

—9학년 남학생

학교는 학생들이 지식이 풍부한 의사결정자로 느낄 수 있는 기회를 제공하는가

나는 학생들에게 다음과 같은 명시적 질문을 했다.

"여러분은 프로젝트 수업에 대한 아이디어를 갖고, 아이디어를 전개하고, 해야 할 일에 대해 결정을 내린 구체적인 예나 경험이 있나요?" 다음은 학생들이 의사결정의 기회를 가졌던 경험에 대해 응답한 부분이다. 학생들은 주로 글쓰기와 사회 수업에서 의사결정의 기회가 있었다고 응답했다.

> "의견을 나타내는 글쓰기를 할 때 선생님이 주제를 알려 주시면 우리 스스로 의견을 선택하고 글을 써요."
>
> —4학년 여학생

> "때때로 글쓰기의 토론의 찬반 주제를 선택할 수 있어요. 논란의 여지가 있는 주제를 선택하거나, 선생님이 준비한 찬반 주제의 한쪽 입장을 선택할 수 있는데, 우리가 어떤 주제를 선택하더라도 선생님들은 항상 지원해 주세요."
>
> —6학년 남학생

> "사회 수업에서는 공부할 주제가 정해져요. 공부할 주제 안에 작은 주제도 선생님께 받기 때문에 내가 선택할 수 있는 것은 없어요."
>
> —4학년 남학생

"나는 개별 주제를 다루는 사회와 글쓰기 과목에서 늘 주도성을 가지는 것 같아요."

― 8학년 남학생

"우리 학교에서는 모든 과목이 같은 방식의 수업을 해요. 강의를 듣고, 필기하고, 문제 풀고, 더 많은 강의를 듣고, 시험을 치죠."

― 8학년 여학생

"나는 영재 수업, 사회 수업, 그리고 국어 수업에서 더 많은 선택권을 가졌다고 생각해요. 이런 과목들은 내가 하고 싶은 조사를 하거나 쓰고 싶은 글을 쓸 수 있어요. 선택권이 없는 과목들에 비해 더 많은 프로젝트를 해서 공부하고 싶은 것을 선택할 수 있는 기회가 많아요."

― 7학년 남학생

"학교에서 하는 프로젝트에 대해 생각해 본 적이 없어서 이 질문에 대답할 수가 없네요. 제가 하는 프로젝트들은 모두 학교 밖에서 이루어져요."

― 9학년 남학생

"과학 수업에서 우리는 한 학기 동안 해야 할 '20% 프로젝트'라는 장기 과제를 받는데 그 과제를 제출하면 추가 학점을 받을 수 있어요. 기본적으로 '20% 프로젝트'는 수업의 일정 시간이 우리에게 주어지면 하고 싶은 과제를 스스로 선택하고 해결해 가는 과정이에요. 원래는 화학과 관련이 있어야 하지만 나는 과학에서 공학이 어떻게 활용되는지에 대한 연구 보고서를 작성했어요."

― 11학년 여학생

"영어 수업에서 우리는 인권에 관한 프로젝트를 하고 있었어요. 한번은 선생님이 이 주제에 대해서 우리만의 아이디어를 생각해 낼 수 있는지 물어보셨어요. 나는 선생님께 '영화 예고편'이라는 아이디어를 말씀드렸고 선생님은 이것이 프로젝트 평가 기준에 부합하는 아이디어라고 답을 해 주셨어요. 나는 스스로 프로젝트를 수행하고 발표하게 되었어요. 그런데 선생님은 내 아이디어가 프로젝트에 적합하지 않다고 평가하셨어요. 나는 선생님께 속은 것 같았어요. 나는 창의적으로 프로젝트를 수행했기 때문에 결과에 대해 실망을 했고 벌을 받은 것처럼 느꼈어요."

−8학년 남학생

"의사결정의 기회를 가져 본 기억이 정말 안 나요."

−11학년 여학생

"의사결정의 기회를 가졌던 시간은 거의 없어요. 나는 조용한 성격이라 목소리를 내는 것을 좋아하는 편은 아니에요. 의사결정의 경험은 연구 주제를 선택하는 시니어 프로젝트가 유일해요. 하지만 시니어 프로젝트도 자유로운 의사결정을 하기에는 상당히 제약이 많아요."

−10학년 여학생

"농업 수업에서 배운 내용을 활용한 프로젝트를 수행해야 했는데 나는 어머니를 위한 정원을 만들었어요. 마트에 가서 모든 재료와 도구를 구한 다음 허브와 토마토를 가꾸는 정원을 만들었어요. 부모님은 많은 지원과 응원을 해 주셨지만, 선생님은 그렇지 않으셨어요. 스트레스를 많이 받았어요."

−9학년 여학생

"우리가 수행해야 할 프로젝트는 대부분 계획되어 있고, 프로젝트에 관련
된 아이디어가 좋든 싫든 특정 방식으로 수행해야 해요."

-8학년 남학생

"학교에서 의사결정의 기회를 가졌을 때가 있었는지 모르겠어요."

-7학년 여학생

  학교의 실질적인 개혁을 생각한다면 학생 주도성을 포함해야 한
다. 앞서 살펴본 학생들의 응답은 학교의 개혁에 대한 통찰을 제공
한다. 학생들은 심화 수업(accelerated class)이나 캡스톤 프로젝트,
글쓰기, 사회 탐구 주제 선택을 제외하면 의사결정의 기회가 제한
적이라고 느끼고 있었다. 앞서 나열한 기회들은 학생 주도성을 지
원할 수 있는 좋은 기회이지만, 다시 생각해 보면 현재 학교의 주도
성 수준이 이 정도에 머물고 있다는 슬픈 현실을 강조할 뿐이다. 불
행히도, 학생들은 학교생활에서 주도성을 가지고 상호작용하는 것
은 멀고 어려운 것으로 생각하고 있었다.

  몇 해 전 1학년 학생들과 나눈 대화는 흥미로웠는데, 학생들은
자신이 배우고 싶은 것에 대한 선택과 학습활동에 대한 의사결정,
교실에서 자신의 위치를 어떻게 찾아가는지에 대한 아이디어를 가
지고 있었다. 간단히 말해서, 학생들은 주도성의 통합적 차원에 대
해서 학교가 나아갈 방향에 대한 중요한 통찰을 보여 준 것이다.

- 성향적: 지향성과 목적
  - 학생들이 배우고 싶은 것과 왜 배우고 싶은지에 대한 이유

- 배우고 싶은 것에 대한 구체적인 아이디어
- 동기적: 지각과 끈기
  - 학생들이 수행하고 있는 과제의 유형과 과제 수행을 지속하고 싶은지에 대한 학생들의 생각
- 위치적: 상호작용과 협상
  - 학습 기회에 따라 학생들이 어떻게 교실에서 위치하게 되는가?
  - 지식이 풍부하고 똑똑한 사람으로 간주되어 결과적으로 학습 기회를 갖게 되는 학생들은 누구인가?

실제로 학생들과의 대화에서 이러한 세 차원적 측면의 주도성이 교실에서 어떻게 나타나는지 또는 나타나지 않는지를 알 수 있었다.

"나는 관심 있는 주제에 대해서 또는 프로젝트를 수행하면서 내가 해야 할 일에 대해 어떤 것도 질문하지 않았어요. 왜냐하면 그런 질문을 하면 선생님은 내가 선생님의 수업을 방해한다고 생각하실 것이고 나도 선생님과의 수업에서 곤란해질 것 같아요."

–8학년 남학생

"나는 도서관 읽기 수업에서 보상 파티를 건너뛰는 선택을 하고 싶어요. 나에게 주도성은 나를 부끄럽게 만들거나 선생님을 성가시게 할지도 모른다는 것을 의미해요. 나는 진심으로 그렇게 하고 싶지 않아요."

–5학년 여학생

"수업에서 선생님은 학생 중에 누가 똑똑하고 누가 똑똑하지 않은지를 그

냥 정해 주세요. 만약 당신이 항상 정답을 맞히는 학생이지만 한 번의 실수라도 하면 선생님은 당신을 멍청하다고 생각하실 거예요. 너무하다고 생각해요."

-4학년 여학생

"제가 좋아하는 과목은 수학이에요. 수학에서 우리는 문제를 빨리 풀어요. 일상생활처럼 우리가 관심 있는 일을 하면 좋을 것 같아요. 우리가 관심 있는 수학 공부를 하고 있을 때 선생님은 학생들을 돕는 역할을 하면 좋겠어요. 선생님은 자신의 직업대로 학생들에게 '무엇을 하고 싶어요?'라고 물으실 거예요. 선생님은 학생들을 지원하기 위해, 그리고 우리가 수업 중 하는 일을 돕기 위해 교실에 계신다는 것을 알면 좋을 거예요. 하지만 방금 말했던 방식처럼 우리가 스스로 공부하고 선생님이 돕는 형태의 수업은 잘 일어나지 않아요."

-5학년 여학생

"나는 글을 읽을 수 있는 학생이기 때문에 복도에 나가서 컴퓨터를 사용하여 혼자서 연구 프로젝트를 수행해요. 선생님은 저나 다른 친구들과 함께 프로젝트를 수행하지는 않아요. 조사 프로젝트를 수행하는 학생들은 모두 혼자서 프로젝트를 해요. 글을 읽을 수 없는 학생들은 교실에서 선생님이 하는 말을 들어요."

-3학년 남학생

　이러한 응답을 비판적으로 살펴보면, 학교 교육에 대한 학생들의 깊은 생각과 통찰을 알 수 있다. 학생들은 학교 교육과정의 한계부터 수업 중 학생들의 능력의 한계를 정하여 선택권을 제약하는 것까지 학교에서 일어나는 광범위한 구조적 불평등을 완전하게 지각하고 있었다. 설득력 있는 응답들은 학생들이 경험하는 불평등에 대한 비판적인 평가를 제공한다. 학교는 학생 주도성을 방해할 뿐 아니라 학생들을 실패하게 한다는 불편한 진실을 마주하게 된다.

앞에서 살펴본 주도성의 세 가지 차원의 목적, 지향성, 지각, 끈기, 상호작용 및 협상을 다시 상기한다면, 우리는 어떻게 학생의 목소리를 활용하여 주도성을 지원할 수 있을까? 특단의 해결책은 없다. 학생 주도성을 지원하기 위해 학교를 재구조화하고 수업 실천 방법을 재구성하는 것에 대해 우리는 복합적이고 신중하며, 헌신적이고 비판적인 검토를 해야 한다. 또한 학생들의 응답에서 자주 강조되었던 것처럼 목소리와 의사결정 권한이 없는 학생이 가지는 교실에서의 위치도 고려해야 한다. 우리가 주도성을 개인의 특성이나 성향으로만 볼 경우, 학생들이 학교에서 어떤 위치를 갖는지, 학생들의 주도성을 돕거나 방해하는 구조와 지원이 무엇인지를 살펴보는 데 소홀하게 된다. 학생 주도성을 키워 나가기 위한 부담이 전적으로 학생의 책임인 것이 정당한가? 교사가 원하는 것에 반대하는 의견을 내는 것은 '부끄러움'이라고 말하는 학생, 교사가 원하는 것에 반대하는 학생이 자신을 '바보'로 인식하거나 '문제아'로 인식하게 되었다는 학생들의 의견에 대해 진지하게 고민해 볼 때이다.

학생 주도성을 지원하는 것이 학교의 규범과 관행에 반대하는 학생을 위한 것이어야 할까, 아니면 주도성을 가지기 위한 학생들을 위한 것이어야 할까? 학교는 학생들이 주도성을 가질 수 있도록 하는 환경과 기회를 제공해야 하는가? 우리가 4장에서 다뤘던 똑똑함의 역할과 주도성에 관한 학생들의 응답을 통해 얻은 통찰을 모두 고려해 볼 때, 대부분의 경우 학생들은 주도성을 가지지 못한 상태로 교실 내 자신의 위치가 정해진다는 것을 알 수 있다. 다음 장에서는 교사가 말하는 학생 주도성이 무엇인지 알아보고, 학교에서 학생 주도성을 지원하는 데 꼭 필요하다고 믿는 학교의 구조와 지원에 대한 이야기를 살펴볼 것이다.

함께 생각해 보기

학생 주도성은 학생의 목소리를 경청하고 존중할 것을 요구합니다. 이를 위해서는 학생의 말을 경청하고 교실에서 그들이 가지는 위치와 관점을 이해해야 합니다. 이 장에서 언급된 학생 인용문 중 몇 개를 선택하여 학생들의 이야기에 대한 답장을 써 보십시오. 여러분이 쓴 답장이 다음에 제시된 학생 주도성 지원 차원에서 어떻게 지원했는지 성찰해 보십시오.

1. 성향적: 지향성과 목적
   ⟶ 학생들은 자신의 아이디어를 추구할 목적과 지원이 있다고 느낍니까?

2. 동기적: 지각과 끈기
   ⟶ 학생들은 수행 중인 학습 과제에 대한 어떤 생각을 가지나요?

3. 위치적: 상호작용과 협상

⋯▸ 학습 기회를 통해 교실에서 학생들은 어떻게 위치하게 되나요?

⋯▸ 지식이 풍부하고 똑똑한 사람으로 여겨지는 학생은 누구이며, 그 결과로 학습 기회에 접근할 수 있는 사람은 누구인가요?

⋯▸ 학생들은 교육과정을 통하여 자신과 연계된 경험, 언어 및 문화적 지식을 공유할 수 있나요?

당신이 학생에게 쓴 답장을 살펴보았을 때, 당신은 학생에게만 책임을 전가하지 않고 학생을 격려하였나요? 학생 주도성에 대해 특별한 응답을 했던 학생을 지도하고 있는 교사와 학교를 위해 몇 가지 권고를 한다면 무엇인가요?

6장 교사들은 학생 주도성을 어떻게 실행하고 말하는가

> 학생 주도성은 독립성과 목소리를 제공하기 때문에 학생들에게 매우 중요하다. 학생 주도성은 교실 공동체를 만들어 가는 데 필수적이다. 왜냐하면 그것은 교실 공동체에게 소속감을 부여하고 다양한 관점에 가치를 부여하기 때문이다. 주도성은 시민으로서 가지게 될 기대를 설정하고 시민 담론에 참여함으로써 변화의 주체가 되는 발판을 마련한다.
>
> −3학년 담당 여교사

교사는 학생 주도성을 만들어 가는 데 꼭 필요한 존재이다. 존스턴(Johnston, 2004)이 제안한 것처럼 교사는 대화와 행동을 통해 교실에서 학생 주도성을 기르는 다리 역할을 하는 데 도움을 주었다. 예를 들면, 퍼시픽 노스웨스트(Pacific Northwest) 학교에서 1학년을 가르치는 클라인(Kline) 선생님은 과학 수업 단원을 시작하면서 육지의 형성과정에 대한 글을 큰 소리로 읽어 주기 위해 자리에 앉았다. 학생들은 선생님이 읽어 주시는 글의 정보를 듣기 위해 카펫에 모여 앉았다. 글을 읽기 전에 클라인 선생님은 학생들에게 서로 짝을 짓거나 모여 앉아 화산에 대해 알고 있는 지식을 공유하도록 했다. 선생님은 교실을 순회하다가, 학생들이 최근에 인근 국립공원을 방문한 이야기를 흥분하며 나누는 것을 들었다. 선생님은 자신이 계획한 수업을 중단하고 학생들과 국립공원 이야기를 공유했다. "선생님은 여러분이 나누는 국립공원에 대한 경험을 들었어요. 이 이야기를 우리 반 친구들과 함께 나누려면 어떻게 하면 될까요?"라고 물었다. 그러자 한 학생이 "국립공원에 대한 저의 경험을 이야기할 수 있어요."라고 말했다. 다른 학생은 "친구들에게 어디로 갔었는지 물어보는 건 어때요?"라고 말했다. 또 다른 학생은 "우리가 국립공원을 현장체험으로 방문할 수 있는지 알아봐요."라고 했다. 클라인 선생님은 학생들에게 "좋아요, 우리가 가진 아이디어를 발전시키기 위해 필요한 것이 무엇인지 알아봅시다."라고 했다 (Vaughn, 2020).

교사가 이처럼 학생들의 아이디어, 질문 및 관심사를 적극 활용할 수 있는 기회를 구조화하는 교실은 학생 주도성을 지원하고 키워 나가는 핵심이 되는 장소이다. 학생들의 아이디어와 경험, 궁극적으로 학생 주도성이 있는 곳에서 교사와 학생이 나누는 대화는 당연히 교육과정에 포함된다. 클라인 선생님은 현재 학생들의 관심사, 학교 밖 경험과 탐구를 지원하고 확장하기로 결정했다 (Vaughn, 2019). 선생님은 학생들이 함께 수업을 만들어 갈 수 있도록 학생들의 생각을 자신의 수업에 적용하고 수업에서 유연한 접근 방식을 취했다. 학생들의 생각을 자신의 수업에 적용하려는 클라인 선생님의 태도는 학생 주도성의 기회를 발전시켜 나가는 데 중요했다. 이런 식으로 학생 주도성은 학교 맥락에서 자신의 관심사를 추구할 뿐만 아니라, 동료학생 및 교사와 상호작용하는 과정에서 학생 개인의 주도성에 의존해서 협의된다. 교사는 학생 주도성을 지원하고 학생의 문화, 언어, 인종 정체성과 흥미, 관심사에 대한 이해를 바탕으로 학습 맥락을 강화해 나간다. 또한 교사는 학생과 함께 학습 맥락을 공동 구성하는 과정을 강화해 나간다.

초등학생부터 고등학생까지 가르치는 특수 교사인 심즈(Simms) 선생님은 쉬는 시간에 사회 동학(social dynamics)[1]에 대한 학생들의 관심을 듣고 이를 수업으로 연계하기 위해 학생들과 함께 논의하여 뜨개질 동아리를 만들었다. 심즈 선생님은 학생들을 지원하기 위해 학생들에게 어떤 종류의 동아리에 관심이 있고 무엇을 할 수 있는지 물은 결과, 학생들은 뜨개질 동아리를 하기로 결정했다. 학생들은 동아리 활동을 통해 친구를 사귀고, 다른 친구들과의 이야기에 참여하고, 뜨개질 기술을 배우는 전략을 실천했다. 표면적으로 뜨개질 동아리는 학교의 방과 후 활동에서 이루어지는 동아리처럼 여겨지기 쉽다. 그러나 심즈 선생님은 쉬는 시간에 학생들의 말에 귀를 기울이고 함께 대화했다. 그 과정에서 선생님은 학생들이 다른 친구들과 이야기하는 것에 불편함을 느끼고 있다는 것을 알았고, 학생들이 함께 의사소통을 할 수 있도록 지원했다. 클라

---

1 사회의 지적·물질적·도덕적 영역 등은 사회 속에서 일정한 균형을 유지하는데 역사의 진보 과정에서 이러한 요소의 균형이 만들어지는 법칙에 대한 연구를 하는 학문 분야이다.

인 선생님과 심즈 선생님 같은 교사는 학생의 주도성을 키우기 위해 매일, 매시간, 심지어 분마다 학생들의 대화와 행동을 살펴보며 그들을 지원한다.

학생 주도성에 대한 교사의 관점을 이해하지 못하면, 학생 주도성에 대한 좁은 견해를 넘어서는 개념화 과정에 꼭 필요하고 중요한 목소리를 놓치게 된다(Cooren, 2010). 바흐친(Bakhtin, 1981)의 대화론과 다양한 목소리의 역할에 대한 이론은 주도성에 대한 교사의 관점을 살펴보는 렌즈가 된다. 이 장은 학생 주도성에 대한 교사의 이데올로기적 견해가 복잡한 학습 공동체와 얽혀진 부분에 초점을 둔다. 교사에 따라 학생 주도성을 어떻게 만들어 가는지에 대한 이해를 위해 다양한 학년 및 지역의 교사들에게 학생 주도성에 대한 통찰, 학생 주도성을 지원한다고 생각하는 활동, 학교가 학생 주도성을 키우기 위해 무엇을 하는지에 대해 이야기해 주기를 요청했다.

교사들은 학생 주도성이 중요하다는 의지를 표현했고 학교가 학생과 학생 주도성을 지원하는 방법을 초점화한 아이디어에 관한 응답을 많이 했다. 인터뷰 과정에서 학생 주도성에 대한 교사들의 생각을 다음과 같이 몇 가지로 나누어 볼 수 있다. 목소리와 선택의 기회로서의 주도성, 주도성의 필요성, 주도성을 함양하기 위해 필요한 유연성과 지원 등이다. 앞서 5장이 학생들의 주도성에 대한 관점과 통찰이라면, 이 장은 교사 주도성에 대한 관점과 통찰을 제공한다. 마지막으로 5장과 6장의 내용을 종합하여 주도성에 대한 통찰을 비판적으로 논의하고, 두 장의 관점을 포괄하는 맥락화된 주도성에 대한 시각도 제공하고자 한다.

목소리와 선택을 위한 기회

목소리와 주도성은 근본적으로 학교 교육활동 실천들이 공평하게 이루어지도록 하는 핵심 영역이다(Cammarota & Romero, 2011; Campano et al., 2013). 학생들은 의사결정을 하기 위하여 목소리를 내고 자신의 생각과 의도를 실행한다. 학교와 지역사회에서 학생들이 자신의 삶과 관련이 있고 의미 있는 주제나 이슈에 대해서 목소리를 내는 과정에서 목소리와 주도성은 강력하게 표현될 수 있다. 예를 들어, 굴톰 등(Gultom et al., 2019)은 다양한 인종적, 언어적, 문화적 배경을 가진 청소년 및 고등학생을 대상으로 소외된 청소년의 사회 정의 및 교육 형평성 문제를 탐구했다. 그 과정에서 학생들은 지역사회의 불공정에 대해 비판적으로 조사하고, 통찰력을 제공하며 "저항의 공동체"를 만들 수 있음을 발견하였다(hooks, 1990, p. 388). 학생들은 학습과 학습 공동체 안에서 자신의 목소리를 가짐으로써 "그들 자신의 삶에 대한 사회적 행위자와 전문가"가 되었다(Cowie & Khoo, 2017, p. 234). 이 과정에서 교사는 학생에게 배우고, 학생들의 생활, 문화, 삶의 배경과 연계된 문화적으로 의미 있는 교육을 만들어 갈 수 있는 기회를 제공받았다(Cook-Sather, 2020).

학생 주도성에 대한 설명에서 많은 교사가 학생의 목소리와 선택의 역할에 대하여 예상대로의 반응을 보였다. 교사들은 주도성이 학생들의 목소리, 선택을 반영하고 학습 과정에서 필수적으로 언급되는 의사결정을 반영한다고 표현했다. 예를 들어, 학교 교육

의 맥락에서 학생 주도성이 무엇을 의미하는지 설명할 때, 대부분
의 교사는 주도성은 학생들이 의사결정 과정에서 주체적으로 판단
하는 것이며, 학생의 목소리를 통해 그들이 필요한 것이 무엇인지
를 성찰하는 것이라는 설명을 압도적으로 많이 했다. 또한 학생 주
도성에 대한 교사의 구체적 예시는 학생 주도성이 무엇인지에 대
한 개념적 이해를 포함하고 있었다.

> "학생 주도성은 학생들이 학습에서 선택권을 가지며 자신의 생각과 의견
> 을 말하는 것을 의미합니다."
>
> −5학년 담당 남교사

> "학생 주도성은 학생들에게 학습의 주도권을 주는 것입니다. 학생들의 목
> 소리가 존중받고 그들에게 선택권이 주어졌기 때문에 학습에 관심을 갖
> 게 되는 것은 확실합니다. 학생들이 학습의 주도권을 갖는 것은 교사인 저
> 에게 매우 중요했습니다. 왜냐하면 저는 인디언 학생들의 학습 요구를 충
> 족시키기 위해 문화 반응 교육과정(culturally responsive curriculum)[2]
> 을 실행하기를 원했기 때문입니다."
>
> −1학년 담당 여교사

> "학생 주도성은 학생들이 학습에 관하여 자신의 목소리를 내고 선택을 할
> 수 있는 기회를 제공합니다."
>
> −7학년 담당 여교사

2 문화 반응 교육과정은 문화가 상이하게 다른 소수 학생들이 그들의 문화적 배경,
언어에 따라 차별받지 않고 동등성을 보장하기 위한 교육과정 운영을 말한다.

"교사로서 나는 학생 주도성은 학생들이 가이드에 따라 무엇을 배우고 어떻게 배우는지 결정하는 발언권을 가지는 것이라는 믿음을 가지고 있습니다."

— 고등학교 여교사

교사들의 반응을 살펴보면 학생 주도성을 개념화하는 데 있어 크게 두 가지를 강조함을 알 수 있다. 하나는 학생들의 목소리와 선택권의 역할, 또 하나는 학생 주도성이 학습 성과에 대한 통찰과 방향성을 제공해야 한다는 것이다. 앞서 5장에서 학생 주도성이 자신의 목소리를 가지고 선택권을 가지는 관점을 가졌다는 것을 생각해 보면 학생의 목소리와 선택권의 필요성에 대한 교사의 관점과 거의 일치한다는 것을 알 수 있다. 다음으로 교사들에게 학생 주도성이 학교에서 필요한 것인지, 그렇다면 왜 필요한지에 대한 의견을 공유해 보았다.

주도성의 필요성

교사들은 학생 주도성이 학생의 깊이 있는 학습 및 학업 성취와 어떻게 밀접한 연관성이 있는지를 말했다. 흥미롭게도, 교사들은 학생 주도성이 학생의 더 높은 성취를 만들고 학생의 동기와 참여를 향상시키는 잠재성을 가진다고 이해했다. 다음의 사례는 교사들이 학생 주도성이 학생의 학업 성취를 향상시키는 방법을 표현한 내용이다.

"나는 학생들이 교실에서 선택 의지를 갖는 것이 절대적으로 중요하다고 생각합니다. 또한 학생 주도성이 학습에서 더 많은 동기와 참여를 이끌고 더 나은 성취로 이끈다는 것을 믿습니다."

−3학년 담당 남교사

"학습에서 목소리를 내는 학생은 배워야 할 것과 배우고 싶은 것을 설명할 수 있습니다. 교사로서의 경험에 비춰 보면 학습에 선택권을 가진 학생은 교사에 의해 지시를 받는 학생보다 더 행복하고 성취도가 높습니다."

−4학년 담당 여교사

"학생이 스스로를 학습자 또는 협력자로 인지하는 경우 학생 주도성이 많이 나타납니다. 주도성이 있는 학생들은 자신이 어떻게 배우는지, 배우고 싶은 것들의 유형이나 깊이, 그리고 배운 것을 표현하는 방법을 압니다. 학생들이 학습에 목소리를 내기 때문에 학생들이 배움의 과정에서 학습 결과에 어떻게 도달하는지에 대해 자신과 다른 친구들에게 더 잘 알려 줄 수 있습니다."

−8학년 담당 여교사

"학생 주도성은 학생들이 학습 내용과 학습 과정에 대해 토론하고, 탐구하고, 구체적인 결정을 내리는 것을 의미합니다. 이상적으로 모든 학생은 교실 또는 모둠에서 판단하거나 판단받는 것에 대해 두려움 없이 대화합니다. 학생들이 따라야 할 명확한 지침이 있다면, 학생들은 종종 지침이 없는 것보다 자신의 생각을 더 과감하게 표현할 수 있습니다."

−고등학교 여교사

교사들의 반응을 살펴보면, 교사는 학생 주도성이 있을 때 학생의 참여, 동기, 학업 성취도가 향상했다고 믿는다. 교사들은 학교에서 학생 주도성은 꼭 필요한 것임을 명확히 하였다. 또한 교실에서 주도성의 위치를 찾는 것은 교실 실천의 영역에서 중요하다는 것을 발견했다. 학자들은 학생의 학업 성취를 지원하는 데 있어 주도성의 역할을 규명했다. 예를 들어, 아이비와 존스턴(Ivey & Johnston, 2013)은 중학생이 선택한 청소년 문학과 교실 구조를 활용하여 학생의 읽기 능력과 주도성이 어떻게 길러지는지를 연구했다. 그들의 연구는 교수학습에서 선택권과 자율성을 제공하는 것, 좀 더 구체적으로 말하면 교사가 제공하는 기회 유형이 얼마나 중요한지 밝혔다. 주도성은 학생이 다른 사람과 함께 아이디어를 토론하고 질문하는 과정에서 발견된다. 브라운(Brown, 2020)은 수학 학습 맥락에서 학생 주도성을 키우기 위해서 교사를 "학문적 지식과 기능에 대한 권위 있는 분배자"(p. 321)로 보는 관점을 바꿔야 한다고 말한다. 또한 대조적으로 학생들은 학습 과제를 해결하기 위해 지식과 기술을 소유하고 있는 적극적인 학습자로 간주되어야 한다고 말한다. 교사와 학생에 대한 관점을 재정립하는 것은 교사가 학생 주도성과 관련하여 일상의 수업에서 학생들의 과제를 어떻게 구성하는가와 관련되기 때문에 중요하다.

흥미롭게도 교사들은 교실에서 학생 주도성을 지원한다고 믿는 수업 및 수업 활동의 사례를 공유했다. 교사의 관점을 강조하기 위해 교사들이 응답한 몇 가지 수업 및 수업 사례를 소개한다.

"문화 반응 교육과정을 활용하는 것은 학생 주도성을 개발하는 일부가 되어야 합니다. 해당 교육과정은 학생들이 자신들의 독특한 배경과 문화 유산을 공유하고 이를 통해 학습의 연결 고리를 만들어 갈 수 있습니다. 나는 학생들이 스스로의 아이디어를 찾아갈 뿐 아니라 자신의 주도성을 개발하기 위하여 학습 성과에 대한 루브릭을 만들어 가길 바랍니다. 학생들이 학습 성과에 대한 루브릭 만들기에 참여하게 하면 학습에 대한 주인의식을 갖는 데 도움이 됩니다. 학생들은 루브릭이 범주를 개발하고 학업 성취에 대한 성공을 기대하기 때문에 학습에 최선을 다하려는 동기를 가지게 됩니다. 작가의 워크숍(writer's workshop) 모델은 또한 학생 주도성을 개발하는 데 안성맞춤입니다. 나는 학생들과 함께 그들의 문화와 관련 있는 책을 출판합니다. 이런 과정은 학생 주도성을 개발하기에 매우 좋은 방법이었습니다."

−2학년 담당 여교사

"수업 시간에 나는 학생들에게 평소에 관심을 가지는 문제들 중 친구들과 공유하고 싶은 문제를 구별해 보라고 합니다. 이런 과정을 우리는 '큰 소리로 의견 말하기(Sound off)!'라고 부릅니다. 큰 소리로 의견 말하기는 말하기와 듣기 과제로 연결되지만, 학생들은 자신의 목소리를 찾고 말할 수 있는 기회이기도 합니다. 이것은 교수학습의 다양한 단계에서 중요합니다. 우선, 학생들은 자신이 관심 있는 문제를 공유하고, 문제에 대한 자신의 의견을 정의하며, 자신의 생각을 친구들에게 표현합니다. 학생들은 학교, 지역사회, 국가 또는 세계와 관련된 다양한 문제를 생각할 수 있습니다. 이러한 수업은 학생들이 문제를 제시하고 문제의 양면을 모두 살펴보기 때문에 그 주에 가장 핵심적인 수업이라고 생각합니다. 학생들은 자신의 의견을 말하면서 그 이유를 제시했습니다. 그런 다음 반 친구들과 함께 문제를 나누며 주제를 만들어 가는 토론을 합니다. 학생들이 자신의 생각을 말하고 동료 피드백을 받는 것은 학생들에게 매우 큰 권한을 주게 되며 자율적 학습자가 되게 합니다."

-5학년 담당 여교사

"나는 수학 시간에 학생들에게 총괄 평가 후 학습 목표와 관련하여 자신의 학습에 대해 성찰하는 시간을 주었습니다. 학생들은 수업 후에도 지속적으로 도전하며 학습 목표에 대한 이해를 위해 참여할 수 있는 후속 활동을 계획하고 있습니다. 후속 활동을 통해 '두 번째 기회'에 해당하는 학습 활동과 재평가를 위한 시간을 찾는 것은 까다롭지만, 이를 해결하기 위해 수학 수업 시간을 재구성하는 노력을 하고 있습니다."

-4학년 담당 여교사

"학생 주도성을 지원하는 한 가지 방법은 학생들이 학습 목표를 달성하기 위하여 학습에 대해 생각하고, 학습자로서 성장하기 위해 해야 할 일을 결정하며 스스로의 학습에 대해 성찰하도록 가르치는 것입니다. 나는 모든 학생과 협의하여 목표와 학습 경로에 대해 토론하고, 학생들에게 관심사와 독서 능력에 따라 읽은 책에 대해 질문하게 합니다. '천재 시간'이라는 프로젝트 학습 시간 동안 학생들에게 무엇을 하고 싶은지 묻는 것과 같은 역할을 합니다. 그들은 iMovie, 인포그래픽, 슬라이드 쇼 또는 다른 표현 방법을 선택하여 그에 대해 연구하고 발표하는 방법을 보여 줍니다."

-2학년 담당 여교사

"나는 학생에게 주도성을 연습할 수 있는 기회를 제공하기 위하여 학생이 스스로 학습을 설명, 분석, 이해, 창작, 적용하게 합니다. 학생들은 모둠 활동 및 개별 활동, 협업 프로젝트를 통합하여 주도성을 연습할 수 있는 선택권과 기회를 제공받습니다. 디지털 학습에 활용할 자료를 어떻게 학습해야 하는가에 대해 학생들이 엄격하고 이론적 근거가 있는 선택을 해야 하는 경우를 예로 들어 보겠습니다. 학생들은 평상시 자신이 편하게 느끼고 익숙하거나 즐겨 사용하던 디지털 학습 자료를 벗어나 새로운 표현 매체나 도구를 능숙하게 다루는 것을 목표로 선택을 해야 합니다. 이러한 선택은 학생들에게 흥미진진한 선택 메뉴를 제공하고 다양한 학습 방법을 찾아가는 과정에서 차별화와 존중을 깊이 학습하게 합니다. 차별화에 대한 존중과 기대가 학습자들 사이에 존재할 때, 학생들은 학습을 어떻게 나타낼 수 있는지 스스로 통제할 수 있다고 느낍니다."

−고등학교 남교사

"움직임 수업에서 학생들은 춤의 몇 가지 개념에 관한 배경지식을 배우게 됩니다. 그런 다음 학생들은 소그룹으로 나뉘어 특정한 댄스에 관한 개념을 기반으로 자신의 아이디어를 사용하여 안무를 만듭니다. 학생들은 모두가 아이디어를 내야 하고 다른 사람의 아이디어를 존중해야 하며 모둠 활동 과정에 함께 참여해야 한다는 것을 알고 있습니다. 학생들은 수업을 위해 스스로 학습을 계획하고, 연습하고, 수행합니다."

−중학교 음악/댄스 담당 여교사

"과학 수업에서 학생들은 모둠 활동에서 생각한 것을 공유하기 위해 생각 나누기라는 활동을 합니다. 모든 학생이 말할 수 있고 수업에 대한 신뢰를 높일 수 있는 수업 규칙을 개발합니다."

−중학교 과학 담당 여교사

"중·고등학교 단계에서 학생들은 종종 독립적인 책 읽기를 위해 책을 선택할 수 있습니다. 학생들이 연구 프로젝트를 진행하는 과정에서 주제 선택뿐 아니라 글쓰기나 조사하기 목적으로 연구 과제를 글로써 전개해 나가는 방법도 선택해야 합니다. 예를 들어, 나는 최근에 학생들이 매우 관심 있어 하는 주제를 중심으로 정보를 전달하는 글쓰기 방법을 수업했습니다. 학생들은 이 수업을 통해서 파워포인트, 인포그래픽, 브로셔 등을 선택하여 결과물을 작성하였습니다."

–고등학교 여교사

"교사는 학생들의 자기조절력과 성찰을 높이기 위해 스캐폴딩과 전략을 의도적으로 수업에 통합합니다. 학생은 이러한 기능과 경험을 위한 도전, 성공을 연습할 기회를 제공받으며 자기효능감을 높여 갑니다."

–고등학교 여교사

이 응답들에서 공통적으로 교사들은, 초점화되었다고 믿는 실천이 학생 주도성을 지원한다고 말했다. 교사들은 학생이 선택권을 가지고 목소리를 낼 수 있는 기회, 학생 스스로 학습을 발전시켜 나갈 수 있는 유연한 기회 등을 이야기했다. 교사들이 학생의 생각을 표현하게 하기 위해 교실과 학교에서 학생 주도성을 지원하는 데 즉시 필요한 것이 무엇인지 물었다.

유연성과 지지

교사가 교실에서 학생 주도성을 지지하기 위해 필요한 것에 대해 물었을 때, 교사들은 표준화된 교육과정을 벗어날 수 있는 능력을 갖춘 높은 전문성을 꼽았다. 또한 교사들이 교육자로서 학생과 업무에 대한 열린 마음과 긍정적인 시각을 유지할 필요가 있음을 강조했다.

> "교사들이 '교과서'를 그대로 가르치는 것을 중요하게 생각하는 엄격함보다 좀 더 확산적인 사고를 가져야 합니다. 만약 제가 학생들에게 선택권을 부여하는 수업 시스템을 만드는 교사의 권한을 생각하지 못했다면 학생 주도성이 높아지는 수업은 일어나지 않았습니다. 다행스럽게도 교장 선생님은 제 수업에 대한 지지를 아낌없이 해 주셨습니다."
>
> ─5학년 담당 여교사

"교실에서 학생 주도성을 지원하기 위해서는 교사로서 열린 마음이 필요했습니다. 나는 학생들에게 설명하고 지시하며 아이들이 내 설명을 잘 이해해야 한다는 생각을 멈춰야 했습니다. 학생들에게 설명하고 지시하는 교사의 역할에 익숙해져 있었고, 학생들이 스스로 할 수 있는 학습을 방해하며 아이들에게 상처를 주고 있다는 사실을 깨달았습니다. '학생들이 학습에 대한 준비가 되어 있지 않아 스스로 학습할 수 없다.'라는 말을 멈추고 학생들을 신뢰해야 했습니다. 이런 태도의 변화 후, 학생들은 매번 나를 깜짝 놀라게 했습니다. 교사로서 나는 학생들이 학습에 성공을 경험하도록 비계를 설정하고 지원했습니다."

-고등학교 여교사

"나는 전문 학습 공동체의 형태로 교사와 협력할 수 있는 기회가 필요합니다. 또한 학생에게 선택을 제공할 수 있도록 교사에게 학습 매체를 재정적으로나 전문적으로 지원할 교육 행정도 필요합니다. 마지막으로, 학생이 어떻게 학습하는지, 학생들의 학습 요구를 충족시킬 수 있는 가장 좋은 학습 모델은 무엇인지 학부모가 인식할 수 있는 학부모 교육도 필요합니다."

-중학교 여교사

"교실에서 학생 주도성을 지원하려면 교육 행정과 동료 교원에 대한 신뢰가 우선되어야 합니다. 그런 다음 수업에서 학생들이 경험하고 예상할 수 있는 문제나 장애물을 생각해 보아야 합니다. 나는 학생이 관심 있어 하는 주제를 자유롭게 표현할 수 있도록 주의를 기울이게 하기 위해서 배경지식과 학생의 학습에 대한 명확한 기대를 가지고 수업의 초반부를 진행합니다. 나는 학생이 항상 최선을 다한다는 것을 강조합니다. 수업에 참여하는 모든 학생이 자신의 아이디어가 지지된다는 기대와 신뢰를 이해하는 환경에 있을 때 목소리를 가장 잘 드러낼 수 있습니다."

-ELL 고등학교 여교사

"학교에서는 일상에서의 자율성과 비동기 학습(asynchronous learning)[3]

---

3 비동기 학습은 학생이 자신의 시간과 학습 속도에 맞게 학습에 참여하는 학습방법을 일컫는다. 예를 들면, 원격학습에서 비동기 학습을 적용할 경우 학생들은 개별적으로 강의비디오를 보고 과제를 수행하거나 조사학습을 한 뒤 온라인 토론 수업 등에 함께 참여할 수 있다.

을 많이 지원해 주었습니다. 이제 우리는 에듀테크 기반의 하이브리드 학습(hybrid learning contexts)[4]을 하는 경지에 이르렀습니다."

－고등학교 여교사

"나는 잘 갖춰진 도서관이 필요하고, 동료 교사 및 학생들과 책을 읽고 책에 관해 추천하거나 이야기하는 시간이 필요합니다. 책에 대한 열정과 의사소통을 함께하다 보면 책을 좋아하지 않는 동료 교사나 학생들도 자연스럽게 참여하게 됩니다. 나는 예시를 통해 주도성을 활용하는 방법을 학생에게 안내하면서도 성취기준을 충족하기 위한 계획을 세워야 합니다. 예를 들면, 학생들이 학습 내용을 주도적으로 탐구하는 동시에 교사가 가르쳐 준 기능과 전략을 활용하도록 과제를 구성해야 합니다."

－4학년 담당 남교사

"학생 주도성을 지원하기 위해서는 열린 마음을 갖고, 학생들과 긴밀한 관계를 유지하며, 좋은 의사소통 기능을 갖추는 것이 중요합니다. 또한 동료 교사들과 교실에서 학생 주도성을 촉진하는 방법에 대해 이야기를 나누고 얻은 아이디어를 우리 교실에 알맞은 방식으로 바꿀 수 있는 방법을 찾는 것이 중요합니다."

－3학년 담당 여교사

"교실에서 학생 주도성을 지원하기 위해서는 참여하는 모든 학생이 존중받고, 경청하고, 가치 있는 존재로 여겨지는 문화를 끊임없이 만들어 가야

---

4 하이브리드 학습은 에듀테크를 기반으로 온오프라인을 넘나들며 학생들이 개별 학습과 협력학습을 할 수 있도록 지원한다.

할 필요가 있습니다. 교사로서 당신은 항상 최고의 학습이 어떻게 일어날 수 있는지에 대한 비전을 가지고 있어야 합니다. 또한 학생들의 의견에 유연한 생각으로 상호작용할 수 있어야 합니다. 모든 학생에게 필요한 다양한 학습 자료와 시간을 제공할 수 있는 공간과 자원이 필요합니다."

–중학교 여교사

"교사는 학생들에 대한 명확한 기대, 일관성 있는 교수, 그리고 교사로서의 지위에 관한 전통적인 관점을 버리려는 의지가 있어야 합니다."

–고등학교 여교사

"교실에서 학생 주도성을 지원하는 데 가장 중요한 것은 학생들을 잘 아는 것입니다. 모든 학생이 보고, 듣고, 가치 있게 여기는 것이 중요하다고 생각합니다. 일단 학생이 가치 있다고 느끼면, 학생들은 진정한 학습, 호기심, 지지, 진실로 이어지는 다양한 방법으로 주도적으로 학습하게 됩니다."

–5학년 담당 여교사

다음은 교사가 교실에서 실천하는 필수적인 측면으로 주도성을 묘사한 내용이다. 교사가 학생들이 주도성을 가져야 한다고 느끼는지, 학교에서 학생 주도성에 대한 아이디어를 소중히 여겨야 하는지에 대해, 교사들은 다음과 같은 응답을 했다.

"학생들이 어떻게 배우길 원하는지에 대해 자신이 어느 정도 통제권을 가질 필요가 있기 때문에 나는 학생들이 주도성을 갖는 것이 중요하다고 믿습니다."

–고등학교 여교사

"나는 학생들이 교실에서 목소리를 내는 것처럼 느끼는 것이 중요하다고 생각합니다. 버스 뒷자석에 타고 다른 사람을 운전하게 하는 것이 쉽듯이, 사람들을 수동적으로 느끼게 하는 것은 쉽습니다. 하지만 학습은 적극적인 과정입니다. 학생들이 적극적이지 않으면 학습은 거의 이루어지지 않을 수도 있습니다. 학생들은 자신의 선택이 차이를 만든다는 것을 이해해야 합니다. 학생들이 혼자서 또는 주변 사람들과 차이를 만들어 내는 효능감을 불러일으키는 것이 학생 주도성의 핵심입니다."

—5학년 담당 여교사

"나는 학생들이 자신에게 의미 있는 방식으로 문제를 해결하는 힘을 길러야 한다고 생각합니다. 스스로 말하고, 자신의 필요를 이야기하고, 진정한 자아를 공유할 수 있는 자신감을 가져야 한다고 생각합니다."

—8학년 담당 여교사

"학생들은 교실에서 주도성을 가져야 합니다. 나는 모든 사람이 무엇을 어떻게 배울 수 있는지에 대해 말할 수 있을 때 더 잘 배운다고 믿습니다. 나는 개인적으로 사람들이 유기적인 방식으로 새로운 정보를 학습할 때 동기가 부여된다는 것을 알았습니다. 사람들은 어떤 정보가 필요할 때 질문을 하게 됩니다. 질문이 생기면 그 질문에 대한 결정권을 통해 답을 추구해 가는 동기를 가지게 됩니다."

—다양한 학년의 학습 전문가, 여성

교사들이 나눈 이야기처럼, 학생들이 교실에서 보다 의미 있는 학습 기회, 참여 및 더 높은 성취를 가지려면 주도성이 있어야 한다. 다음은 한 교사가 주도성에 대한 이러한 정서를 포착하고 공유한 사례이다.

> "교실에서 학생들은 가능한 한 많은 주도성을 가져야 한다고 생각합니다. 학생들이 정보에 근거한 의사결정을 내리기 위해서는 많은 정보를 탐색해야 합니다. 주도성이 있는 학생들은 학습 과정, 교실 조직 체계, 학습 내용을 더 쉽게 습득할 수 있습니다. 경험에 비추어 볼 때, 선택에 참여하는 학생들은 학습 과정에서 더 많은 정보를 유지하고 도움이 필요한 친구들을 위해 또래교사의 역할을 하는 데 앞장섭니다. 학생들은 과제나 프로젝트를 진행하는 크고 작은 모둠 활동에서 유연함을 가지고 교실의 구조화된 일상적 문화에서 주도성을 넓혀 갈 수 있습니다."
>
> —5학년 담당 여교사

교사들은 다양한 응답을 통해 학생 주도성을 개념화할 때 학생들이 내는 다양한 목소리의 역할을 강조하고 있다. 또한 교사들은 학습 성과를 향한 통찰과 방향을 학생들에게 제공해야 하는 다양한 방법도 강조한다. 5장에서 우리는 학생들이 주도성을 가지는 모습이 그들의 목소리를 공유하고 선택할 수 있는 능력과 관련된다는 것을 확인했다. 교사들 또한 학생의 주도성을 이야기할 때 학생들이 내는 목소리와 그들의 선택권이 필수적이라는 의견을 나누었다. 특히 교사들의 다양한 응답 속에서 학생들의 주도성을 묘사할 때 그들의 목소리에 대한 중요성과 학생들의 학습 성과에 대한 다양한 방법을 강조한다.

우리는 지금까지 교실에서 권한을 부여하는 방식 또는 학생들의 목소리와 의사결정이 교육과정의 중심이 되는 수단으로서 학생 주도성에 대한 긍정적인 모습을 살펴보았다. 흥미롭게도 일부 교사는 학생 주도성을 도구로 사용하는 데 대한 주의를 표명했다. 예를 들어, 한 중학교 교사는 "학생 주도성은 학생들이 호기심을 갖고, 질문하고, 답을 찾고, 자신의 학습에 대한 책임을 지도록 격려하는 공간입니다. 선생님들은 이 모든 것을 허용합니다. 일부 학생은 독립성을 보장받는 기회를 더 많이 가지게 됩니다. 그러나 많은 학생의 경우 학생 주도성이 무엇인지, 그리고 그것을 어떻게 활용해야 하는지를 사례를 통해 직접 가르쳐 주어야 합니다."

이러한 반응은 교사와 학교가 주도성에 관한 관점에서 어떤 비판적 사고를 가지고 주의 깊은 성찰을 해야 하는지를 강조한다. 주도성을 학생에게 부여하는 것으로 보는 관점과 학생 주도성을 지원한다는 관점은 정반대의 결과를 가져오게 된다. 주도성이 성인이 허용하는 도구, 교실에서 개인에게 부여될 수 있는 도구, 쉽게 받을 수 있는 도구로서 인식될 수는 없다(4장의 메와 제임스의 사례를 다시 생각해 보라). 학자들은 지속적으로 구조적 불평등으로 인해 학교가 학생들의 주도성, 특히 유색 인종 학생, 빈곤한 학생, 영어가 모국어가 아닌 학생들을 거의 지원하지 않는 상황으로 이어졌다는 사실을 강조한다(Donnor & Shockley, 2010; Flores & Rosa, 2015). 우리는 이러한 불평등이 교과 영역에서 다수의 백인 학생에게 유리한 교육과정의 형태로 좁아지는 것을 볼 수 있다. 문학 수업과 같이 학생들이 일상적으로 수행평가를 받는 과목을 예로 들어 보겠다. 그런 과목에서 학생들은 주도성을 발휘하거나, 의사결정, 독자나 작가로서의 역할에 대한 선택의 기회는 거의 없다. 지식이 풍부한 의사결정자로서 교사를 인식하는 수학 수업이나 역사 수업 또한 학생들은 수동적인 수용자에 지나지 않는다. 학교는 통상적으로 학생의 목소리와 의사결정의 힘이 부족하다고 여겨지는 학습의 관점을 가지고 교육과정을 구성한다. 게다가 최근의 교육 개혁은 교사의 입지를 더 좁히면서 그로 인해 학생들의 학습 경험과 학생 주도성을 기르는 데 도움이 되는 교사의 역할도 축소하는 결과를 가져왔다(예: National Governors Association Center for Best Practices & Council of Chief State School Officers, 2010; U. S. Department of Education, 2009).

교실이나 학교에서 주도성이 어떤 학생들에게는 허용되고 또 다른 학생들에게는 허용되지 않는 수단으로서 주도성의 관점을 가지는 것은 잠재적 교육과정이 어떻게 발현되는지에 대한 신중한 성찰을 촉구한다. 이러한 관점이 유색 인종이나 비지배적인 배경을 가진 학생들이 주도성을 얻을 기회와 교차되는 점에 대해서는 특히 세심한 주의가 필요하다(Apple, 1975; Jackson, 1968). 잠재적 교육과정은 "학생들이 무엇이 합법적이고 합법적이지 않은지에 관한 경계를 설정하는 전제를 내면화하게 한다"(Apple, 1975, p. 99). 비판적 관점에서, 주도성을 도구로 보는 관점은 지적으로 누군가는 똑똑하고 또 다른 누군가는 똑똑하지 않다고 여겨지는 관점과 공명(echo)한다. 이러한 선입견은 일부 학생들이 주도성을 다룰 수 있고 다른 학생들은 그렇지 않다는 것을 암시한다.

잠재적 교육과정은 명시적으로 의도하지 않은 지식과 행동을 다루며, 일반적이고 공식적인 수업 외적인 것에서 나타난다. 잠재적 교육과정에 의해 학교는 '압력', 즉 학생들이 권위, 행동, 도덕과 관련된 지배적인 이데

올로기(dominant ideologies) 및 사회적 관행(social practices)을 준수
하도록 유도되는 연결된 힘에 의해 학교는 관료주의적이고 행정적인 곳
으로 인식된다(McLaren, 2008, p. 70).

비판적으로 평가하자면 유색 인종이나 소외된 문화적 배경을 가
진 학생은 백인 학생에 비해 동등한 기회를 얻지 못한다(Kohli et
al., 2017). 주도성은 똑똑함, 정체성 및 학습 공동체를 둘러싼 잠재
적 교육과정과 불가분의 관계에 있다. 똑똑함, 정체성 개발 및 자
원에 대한 접근 방식 또한 주도성에 대한 접근과 얽혀 있다. 일부의
학생에게만 주도성을 부여하는 것과 같이 주도성을 도구로 바라보
는 관점은 유색 인종 학생과 소수 배경을 가진 학생에게 행해지는
학교의 관행에 대해 비판적인 검토가 필요하다. 학교가 어떻게 공
정한 주도성의 관점을 가지도록 지원할 수 있는가? 교사들의 응답
중 특별히 문제가 될 만한 하나의 예가 있다. 8학년과 이야기를 나
눌 때 학교에서 학생의 목소리와 선택의 기회 또는 주도성을 드러
낼 수 있는 잠재적인 기회를 나누는 대화에서 학생이 다음과 같이
설명했다. "나는 주도성이 무엇을 의미하는지 결코 알지 못했습니
다……. 우리 학교는 어떻게 우리의 주도성을 지원하는 데 실패했
는지를 보여 주는 분명한 사례입니다."(8학년 남학생)

이 질문은 단순히 대답할 수 있는 질문이 아니다. 그러나 모든
학생이 아닌 일부 학생에게만 주어지는 도구로서의 주도성에 대
한 견해는 주도성을 부여받은 학생은 기회에 접근할 수 있지만 다
른 학생은 그렇지 않다는 학교의 내재된 불평등 구조와 제도적 인
종 차별주의의 기초가 된다. 연구에서 다룬 예시와 같이(Au, 2007;

Delpit, 2001), 소외된 학생과 비지배적인 배경을 가진 학생은 학교에서 주도성, 선택 및 의사결정을 위한 기회를 발전시킬 때 반복적으로 뒤처져 있다. 이에 대응하기 위해 학교, 교사 및 연구자는 학교에서 학생의 주도성을 위한 공정한 학습 기회가 마련되어 있는지 확인하기 위해 학습 기회를 비판적으로 검토하고 신중하게 반영해야 한다. 주도성에 대한 관점과 주도성을 위한 기회를 구조화하는 방법에 대한 교사의 이해는 학생 주도성을 지원하는 데 도움이 되고 보다 공정한 기회를 제공하는 학교의 실천을 보장할 수 있다.

함께 생각해 보기

이 장에 제시된 아이디어가 여러분과 여러분의 교실, 그리고 사례에 나타난 교실들과 마찬가지로 교사로서 당신에게 어떤 의미를 가지는지 생각해 보십시오.

1. 당신은 학생 주도성을 지원하기 위해 어떤 방법을 사용합니까? 당신이 속한 학교와 교육공동체는 학생 주도성을 지원한다고 느끼십니까?

2. 그렇다면 지원은 구체적으로 무엇이며, 학생 주도성에 중점을 둔 교실과 학교 전체의 문화를 개발하고자 하는 다른 학교의 교사들에게 어떻게 설명할 수 있습니까?

3. 학생 주도성이 당신에게 무엇을 의미하는지에 대한 브레인스토밍을 통해 아이디어를 내어 보십시오. 학생 주도성을 지원하기 위해 현재 가지고 있는 학교의 지원 및 구조, 학교와 더 넓은 지역사회로 학생 주도성을 확장하기 위해 필요한 것은 무엇입니까?

7장 학생 주도성을 위한 수업

> 학생 주도성의 개발은 학생의 목소리와 관점이 교실 수업에 영향을 미칠
> 수 있도록 교수·학습을 분석하는 의미 있는 과정에 학생들이 포함되는
> 메커니즘을 만드는 것이다.
>
> —쿡-새더(Cook-Sather, 2020, p. 321)

예를 들어, 교사와 같은 개인적 차원보다는 사회적 상호작용으로서 학습을 중시하는 학습 이론(theory of learning)은 복잡한 학습 환경에서 사회적으로 협상되고 공동으로 구성되는 광범위한 활동이다. 학교 교육에서 학생 주도성은 구조, 대화와 밀접하게 연결되어 있으며 교사가 교실에서 학생들을 조직하고 실행할 수 있도록 지원한다. 당시에는 몰랐지만, 신규교사로서 잭슨을 가르쳤을 때, 나와 잭슨과의 상호작용 및 서론에서 언급된 'Bush hog' 사건에는 주도성의 세 가지 차원, 즉 성향적, 동기적, 위치적 요소가 모두 존

재했다.

잭슨이 농장 생활에 대해 나보다 더 많이 안다고 주장했을 때, 나는 앞선 농장 생활 경험을 공유하려는 그의 지향을 존중하면서 따르기로 했다. 그 과정에서 잭슨은 농사에 대한 지식을 공유할 수 있는 가장 좋은 방법이 무엇인지 성찰하게 되었으며, 자신의 결정이 교실에서 지지된다는 것도 알게 되었다. 중요한 것은 잭슨과 친구들이 우리 반의 교실 활동과 규칙을 공동으로 창안하는 지식이 풍부한 학생들로 자리 잡은 것이다. 여기에는 구체적인 구조(재료와 자원의 가용성 및 그의 농장 챕터북과 같은 학생 창작물을 공유할 수 있는 기회), 대화(관심과 디자인, 농장 생활에 대한 질문), 지원(주제 조사 방법에 대한 제안)이 있었다.

이렇게 하는 것이 항상 쉽다고 말하려는 것은 아니다. 제대로 하지 못하고 기회를 놓칠 때도 많았다. 신규 교사인 나에게 잭슨 같은 학생은 행운이었다. 현실적으로 대부분의 교사는 학생들에게 자신의 주도성을 활용할 기회를 제공하는 것과 관련하여 심한 갈등을 겪는다. 특히 교사들은 얼마나 많은 통제력을 가져야 하는지, 그리고 학생들에게 현실적으로 어느 정도의 자율성을 부여할 수 있는지 결정하기 위해 고군분투하는 경우가 많다. 교사들이 예민하게 인식하고 있는 교실 구조와 규칙에는 자율과 통제 사이의 미묘한 균형이 존재한다.

예를 들어, 최근에 나는 2학년 넨코(Nenko) 선생님의 수업을 관찰했다. 넨코 선생님은 학생들이 직접 책을 고르고, 흥미로운 주제를 찾아내어 소그룹별로 토론하도록 안내하였다. 이론적으로 이 활동에는 학생 주도성의 세 가지 차원이 모두 반영되어 있다. 그러나 실제로 학생들이 독서 토론을 어떻게 시작해야 할지 몰라 우왕좌왕하자 넨코 선생님이 개입하여 도와주었다. "도움이 필요할 것 같군요. 그룹에서 토론을 시작하는 방법을 보여 줄게요."

이 시점에서 넨코 선생님의 과제는 학생들이 스스로 독서 토론을 하려면 얼마나 많은 스캐폴딩이 필요한지 정확히 파악하는 것이었다. 그녀는 2학년 학생들이 그 정도의 자율성을 갖기에는 너무 어리다고 생각하여 그 활동을 쉽게 포기할 수도 있었을 것이다. 그러나 그녀는 다시 시도하기로 결정했다. 이번에는 학생들이 토론을 시작하는 데 사용할 수 있는 개방형 질문 프롬프트를 제공했고, 그들은 활발한 토론을 계속했다.

즉, 학생 주도성을 높이기 위한 노력은 항상 균형 잡힌 행동을 필요로 한다. 교사는 결코 학생들에게 통제권을 완전히 넘겨주지 않는다. 그러나 교사는 항상 필요한 지원, 구조 및 지침을 제공할 준비가 되어 있어야 한다. 좀 더 구체적으로 교사들은 다음과 같이 수행해야 한다.

1. 교사는 학생들이 주장을 하고, 스스로 학습하며, 스스로 선택할 준비가 되었는지 주의를 기울여야 한다. 교사는 학급 교육과정과 의사결정 활동에서 학생을 교육과정에 초대하여, 학생의 지식, 기술, 문화적 경험, 언어 능력 등이 그 안에 드러나도록 해야 한다. 본질적으로 학습은 의미 있고 학생의 삶, 관심사 그리고 탐구와 관련이 있어야 한다. 나보다 잭슨이 농장 생활에 대해 더 많이 알고 있다는 것을 알았을 때, 나는 갈등이 생겼다. 그러나 나는 잭슨이 자기 관심사를 가지고 활동하도록 결정했

다. 물론 잭슨이 주도권을 가질 준비가 되어 있지 않다는 이유로 내 지시를 따르는 것이 더 낫다고 판단했을 수도 있다. 교사들은 매일 이렇게 즉각적으로 판단해야 하는 순간을 수없이 마주한다. 주도성이 일어날 수 있는 교실에서 이러한 기회를 인식하는 것은 필수적이다.

2. 교사는 학생이 주도성을 주장할 수 있도록 자신의 교실 구조, 자료, 과제에 대해 성찰해야 한다. 학생 주도성은 학교 활동, 자료, 구조가 다음과 같이 학생들에게 어느 정도의 자유를 줄 때 풍성해질 수 있다. ① 학습에 대한 중요한 결정을 내릴 때, ② 그들에게 중요한 문제에 대해 학생들의 의견을 말할 때, ③ 특히 학생들의 다양한 배경으로 인해 대립적인 관점을 가지고 그들이 배운 것에 도전할 때, ④ 문제 해결과 대안을 찾기 위해 장애물을 성찰할 때이다. 만약 교사가 학생이 강한 주도성을 갖도록 하는 데 전념한다면, 교사는 교실과 활용 가능한 자료, 토론 방식을 조직하는 방법에 대해 신중히 생각해야 한다. 만약 교사가 학생 주도성을 개발할 기회를 찾지 않는다면, 교사가 내리는 기본적인 선택은 학생들에게 과제를 다시 하라고 말하는 것이 될 것이다. 주도성이 개발되는 교실에서 성찰적인 자세는 필수이다.

3. 교사는 학생에게 매우 많은 선택과 자유를 주는 시행착오를 기꺼이 겪어야 한다. 만약 학생이 선택과 자유에 대한 준비가 되어 있지 않다면, 교사는 학생에게 주어지는 선택과 자유의 범위를 축소해

야 한다. 학생 주도성을 위한 수업은 위험을 감수하고 수업에 대해 적응적 자세를 취할 필요가 있다. 적응형 수업(adaptive teaching)은 개별적이고 학생들의 언어, 문화, 교육적 요구에 따라 구체적이다. 결과적으로 적응형 교사는 학생의 탐구, 교육적 필요, 문화 및 언어적 강점에 기초하여 매 순간 결정한다 (Vaughn, 2019). 학생이 무엇을 하느냐에 따라 교사의 행동을 조정하는 적응형 수업 접근을 취하지 않으면, 주도성을 위한 기회는 억압된다.

4. 교사는 학생 주도적인 계획을 지원하기 위해 특히 학생의 대화와 언어에 대해 인식해야 한다. 학생의 주도성이 지원되는 교실에서, 교사는 이를 지원하기 위해 목표 언어를 사용하여 대화한다. 프레이리(Freire, 2005)는 교사가 학생에게 '나는 해야만 한다' 보다는 '나는 궁금하다'는 관점을 지지하는 교육적 입장을 강조한다. 존스턴(Johnston, 2004)도 마찬가지로 교사가 아이들과 함께 수행할 때 사용하는 명시적인 대화를 통해 이러한 방향을 반영하고 있다. 교사는 다음과 같은 질문을 사용할 수 있다. "오늘 어떤 문제에 부딪혔나요?"(p. 32), "이 문제의 어느 부분이 확실하지 않나요?"(p. 34) 마찬가지로 적응적이고 유연한 교사를 대상으로 한 나의 연구에서, 교사는 학생들에게 "무엇을 알고 있나요?", "왜 그런지 궁금하구나." 그리고 "좀 더 말해 줄 수 있니?"라고 질문하면서 목표 언어(targeted language)를 사용했다. 학생 주도성을 지원하는 핵심은 언어가 어떻게 학생 주도성을 지원하는 도구로 사용될 수 있는지에 주목하는

것이다.

주도성을 개발할 수 있는 교육적 맥락을 제공함으로써 교사
는 학생들이 자신의 학습을 책임질 수 있는 상황을 만들고 대
안적인 가능성과 방법을 떠올리게 할 수 있다. 이런 풍부한 학
습 공간은 학생이 문제를 해결하고 상상하며 새로운 가능성을
창작할 수 있는 생성적 맥락을 제공할 수 있다.

교실 안에서 학생 주도성은 어떻게 관찰되는가

학생 주도성을 기반으로 이전 장에서 제시된 주도성의 개요적인
차원(즉, 목적, 지향성, 끈기, 지각, 상호작용, 협상)을 지원하기 위해,
교육자는 학생 주도성을 지원하고 개발하기 위한 다음 단계를 생

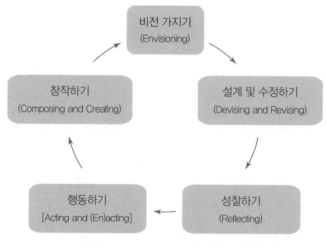

[그림 7-1] 학생 주도성 개발 사이클

각할 수 있다. [그림 7-1]은 학생의 지향과 목적이 어떻게 교차하는지 개념화하고 궁극적으로 지속적 협상을 유도하여 비전을 달성하고 이를 위해 상호작용하는 반복적인 순환을 보여 준다.

비전 가지기

비전 가지기의 역할은 학생 주도성을 개발하기 위해 교육자의 의식을 가르치고 개발하는 데 중요한 구성요소이다. 더피(Duffy, 2002)는 비전 가지기를 "열정적인 헌신과 사명"으로 묘사한다(p. 340). 이러한 맥락에서, 더피는 교육자가 수업을 통해 성취하고 싶어 하는 것을 명확히 하려면 비전을 가져야 한다고 말한다. 다른 학자들도 교사가 교실 수업의 이상과 실제를 연결하는 비전 가지기의 역할과 필요성에 대해 공감한다. 맥신 그린(Maxine Greene, 1988)은 교수에 관한 현실적 인식이 대부분은 도적적 신념에 기초하지만 경험이나 관심을 통해 부분적으로 발달된다고 보았다. 즉, 비전을 가진 교사는 "특별한 관점"을 가지고 있고, 그 관점에 대해 "의식적이고, 흥미롭고, 헌신적인" 태도를 가진다(Greene, 1988, p. 26). 더피(Duffy, 2002)는 더 나아가 비전 가지기가 "내면의 스승(inner teacher)과 독립적인 사고(independent thinking)"를 연결시킨다고 제안한다(p. 334). 이와 비슷하게 슐만과 슐만(Shulman & Shulman, 2004)도 비전을 가진 교사는 학생의 요구에 따라 수업을 평가하고 성찰할 가능성이 더 높다고 주장한다. 나아가 해머니스(Hammerness, 2001)는 실현 가능한 비전은 교사가 다른 가능성을 상상할 수 있게 한다고 분명히 밝히고 있다.

교사에게는 유능한 학습자, 즉 주도적인 학생을 발전시키는 것을 포함하는 비전이 필요하다. 그다음 이러한 비전은 교실 현장의 차이가 충족되도록 하기 위해 공정한 수업 활동과 연계되어야 한다. 교사의 다음과 같은 비전 선언문(vision statements)의 예는 학생의 주도성에 영향을 미칠 것이다.

• 나의 비전은 학교 졸업 후 학생들이 대학 진학이나 취업 등 삶을 위해 준비하도록 하는 것이다. 이는 학생들에게 그들이 필요로 하는 특정 분야에 대한 기술을 제공하고, 좀 더 일반적으로 학생들이 아이디어를 창출하여 문제해결을 하도록 하기 위해서이다.

-중학교 기술 여교사

• 나의 비전은 학생들이 개념을 배우고 이해할 필요가 있다는 것이다. 그 개념은 다음과 같은 것이다. 실제 생활에서 어떻게 활용될까? 너는 그것을 사용할 수 있니? 앞으로 그것을 어떻게 활용할 거니?

-6학년 담당 남교사

• 나의 비전은 모든 아이가 독립적이고, 인정이 많으며, 사회의 생산적인 구성원이 되기를 바라는 것이다.

-특수교육 남교사

• 나의 목표는……, 그들의 경험과 지식을 끌어내어 무엇을 완

성하고, 성공할 수 있는 다재다능한 사람들을 길러 내는 것이다. 학생들이 미래에 필요한 모든 것에 활용할 수 있도록 기술을 제공하는 것이다.

－3학년 담당 여교사

이와 같은 비전 선언문은 학생들의 성향적 기술(생산적 · 문제해결적 · 독립적)의 개발을 강조한다. 또한 학생들이 지식을 변형하고 (transform) 실생활에 적용할 수 있는 '학교 너머의 삶'에 대한 비전을 강조한다.

교사뿐만 아니라, 학생도 그들의 비전을 발전시키기 위한 학교 공간이 필요하다. 즉, 학생들에게 학교에서 학습자로서 자신의 비전이 무엇이며 과목, 월간, 연간 등과 관련하여 달성하고 싶은 것이 무엇인지 물어야 한다. 교사는 학생이 스스로 도출한 비전을 통해 교사로서의 자신의 역할과 정체성을 인식하고 이해하게 된다([그림 7-2] 참조). 교사는 이 정보를 활용하여 비전을 기반으로 활동을 구성할 수 있는 방법을 탐색할 수 있다. 내가 담당했던 학생 중 한 명이 제시한 비전 선언문을 살펴보자.

"나의 비전은 모든 종류의 책을 읽고 이야기로부터 배우는 독자가 되는 것이다."라고 말했던 이 학생은 그림과 함께 자신의 비전을 공유하였다. 비록 이 선언문이 "독자로서 너의 비전은 무엇이고 책을 읽으면서 이번 달에 이루고 싶은 것은 무엇이니?"라는 질문 후에 만들어지기는 했지만, 이와 같은 유형의 비전 가지기 활동은 과목에 상관없이, 학생들로부터 사회정서적 학습 목표를 이끌어 낼 수 있다. 의도적으로 학생이 비전을 성찰하고 자신의 비전을

전달하고 실행하는 방법을 모델링하도록 하는 것은 그들이 배우고
행하는 목적과 연결된다.

[그림 7-2] 학생의 비전 선언문

설계 및 수정하기

학생이 성취하고자 하는 과제에 대한 목적과 의도를 연결하는 비전을 개념화함에 따라 설계하고 수정하는 것(devising and revising)은 주도성을 지원하고 개발하는 데 필수적인 다음 단계이다. 교사가 수업 활동을 계획해야 하는 것처럼, 학생에게 모델링을 제공하고 학생이 비전을 달성하기 위해 구체적인 과제와 목표를 계획하도록 지원하는 것은 주도적인 학습 공간(agentic learning spaces)을 개발하는 과정에서 필수적이다. 예를 들어, 제시된 비전 선언문에서, 교사는 학생과 대화를 하면서 '모든 종류의 책 읽기'에 대한 계획을 공동으로 세울 수 있다. 설계하기는 여러 가지 방법으로 생각할 수 있다. 학생에게 자기가 원하는 주제에 대한 질문 목록을 만들도록 하고, 이러한 질문에 대한 답을 찾기 위해 다양한 텍스트를 사용하는 방법에 대한 모델링을 제공할 수 있다. 아울러 학생이 읽고 있는 책의 유형을 파악하고 본문에서 배운 내용을 성찰하고 응답하도록 안내한다. 이처럼 학생과 교사가 설정한 과제와 목표에 따라 계획이 다르게 보인다.

학생들과의 대화와 토론을 통해 설계하고 수정하는 방법의 또 다른 예를 고려해 보자. 한 중학생이 여성 참정권 운동에 관심이 있어 그 주제에 대해 더 알고 싶어 했다. 그 학생은 여성 참정권 운동에 대한 자신의 관심을 표명한 후, 사회 선생님과 주제에 대한 학습을 구체화할 수 있는 아이디어에 대해 이야기했다. 학생의 비전, 주제에 대한 관심사에 대해 논의한 후, 교사와 학생은 운동에 참여하는 중요한 여성들에 대한 팟캐스트를 우선 포함하기로 했다. 또한 학교와 지역사회가 그 주제와 주요 인물에 대해 알 수 있도록 학교 홈페이지에 팟캐스트를 통합하는 학습 계획을 공동 개발했다. 이런 과정은 학생과 교사가 학생 주도성을 발전시켜 나가는 데 필수적이다. 학생들의 비전을 지원하기 위해 필요한 스캐폴딩이나 계획이 없으면, 학생 주도성을 실현할 수 있는 기회를 잃어버릴 수 있다.

성찰하기

교사의 성찰이 주도성을 이끌어 낼 수 있는 맥락을 구성하는 데 필요한 것처럼 학생도 도전을 경험할 때, 어떻게 문제를 해결하거나 목표를 달성하고 지속해 왔는지를 성찰하는 것(reflecting)이 필요하다. 이 과정은 학생의 목소리가 들리고 존중되는 학습 공간으로 학생을 초대할 수 있다. 예를 들어, 교사가 학생들에게 여성 참정권 운동 사례와 같은 대규모 프로젝트에서 다음과 같은 발문을 함으로써 성찰이 일어날 수 있다. 교사의 발문은 내용 중심의 질문(예: 주제에 대해 무엇을 배우고 있는가?), 절차적 질문(예: 정보를 어떻게 수집하는가? 팟캐스트를 만들려면 무엇이 필요한가?) 및 개념적 지식에 대한 질문(예: 이 과정이 학습자로서 자신에 대해 생각하도록 도움이 되는 점은 무엇인가? 다음에는 무엇을 다르게 할 수 있으며, 그 이유는 무엇인가?)이다. 학생에게 지속성에 대한 모델링을 지원하기 위한 성찰적 질문은 우리가 교과목에서 구성하는 일상적인 과제에서 발생할 수 있다. 예를 들어, 독서를 할 때 학생들이 모르는 단어를 어떻게 알아냈는지 말하거나, 수학 수업 중에 생각을 공유하는 것은 학생들이 지식이 풍부하고 영향력 있는 위치에 놓일 수 있는 강력한 방법이다. 이와 같이 학생의 사고와 성찰을 지원하는 것은 학생이 무엇을 필요로 하는지, 학생이 누구인지를 배울 때, 특히 주도성을 지원하는 데 있어서 필수적이다. 다음과 같은 학생과의 교류를 생각해 보자.

초등학교 3학년인 마이클(Michael)은 점심 식사 후 무언가를 관찰하더니 기분이 언짢아 보였다. 밀리(Milley) 선생님은 "마이클, 무슨 생각을 하고 있니?"라고 물었다. 마이클은 즉시 표정을 바꾸는 것 같았고 자신이 목격한 학교폭력에 대한 실망감을 털어놓았다. 밀리 선생님은 마이클에게 더 말해 달라고 하였다. 마이클은 학교가 괴롭힘 방지 프로젝트를 할 수 있다고 말했다. 밀리 선생님은 그의 제안을 듣고 "정말 중요한 생각이구나. 너의 생각을 알리기 위해 무엇이 필요하니?"라고 말했다.

마이클의 생각을 듣고 그 아이디어와 제안을 받아들이는 것은 밀리 선생님이 학생 주도성을 발달시킨 강력한 방법이었다. 선생님은 성찰적인 대화에 참여했고 마이클이 아이디어를 위해 구상한 것을 이끌어 내기 위해 계획하기에서 성찰적 질문하기로 넘나들었다. 이와 같이 교사는 대화와 질문, 경청으로 주도성을 발전시키기 위해 노력하는 학생을 지원할 수 있다. 학생에게 자신이 만든 것에 대한 생각을 성찰하고 공유하도록 하는 것은 학생 주도성을 키우는 강력한 방법이 될 수 있다.

행동하기

학생은 성취하고자 하는 것에 대한 목적, 지향 및 전반적인 비전을 가지고 설계하고 성찰하면서, 자신의 아이디어를 추구하고 협의할 수 있는 인간으로 성장하게 된다. 학생은 목표를 추구하기 위해 지향과 목적에 따라 행동한다[acting and (en)acting]. 5장의 학생 응답에서 살펴보았듯이, 학생은 복잡한 사회적 환경에 놓여 있고 수동적인 학습자가 되기 쉽다. 그러므로 행동하기 단계는 학생 주도성 개발 사이클에서 학생 주도성을 개발하는 방법을 구상하는 데 중요하다. 교사는 적응적 자세를 취해야 하며, 학생과 학습 성과 및 수업 현장을 공동 구성하는 방법을 온전히 받아들여야 한다. 이러한 사이클을 지원하는 교사와 학교가 없으면, 학생 주도성은 억압될 수 있다.

창작하기

이러한 과정을 통해 학생들은 자신의 목표를 이루기 위한 가능한 방법을 다양하게 성찰하고, 설계하며, 다시 성찰하고 수정한다. 또 학생들은 행동을 실행하고 창작하기(composing and creating) 과정에 참여한다. 때때로 창작하기는 유형적인 방식(예: 인공물, 제품)이거나 대화 또는 행동과 참여를 통해 이루어질 수도 있다. 이 단계에서는 학생들이 자신의 비전, 목적, 지향, 그리고 넓은 의미에서 주도성을 행사할 수 있는 방식을 선택하고 결정한다. 이 사이클 단계는 특정한 수업 실천에 의해 지원될 수 있다.

수업의 실천

교사 및 학생들과 함께 수행한 나의 연구와 다른 연구에 비추어 볼 때, 앞서 말한 학생 주도성 개발 사이클을 지원하고 궁극적으로 학생 주도성을 지원하기 위해 교실에서 구조화할 수 있는 수업의 실천 전략을 몇 가지 제시할 수 있다. 다음은 학생과 수업의 장을 공유하고 학생이 수업에 몰입하는 데 사용할 수 있는 전략이다.

목소리 내기

학생 주도성을 개발할 때 학생들끼리 서로 목소리를 나눌 수 있는 활동이 필수적이다. 이러한 방법에는 학생들을 '책추천하기(Bless This Book)'[1]로 이끄는 활동이 포함된다(Marinak & Gambrell, 2016). 이 활동에서 일반적으로 교사는 책을 선택하고 그 책을 축복하며 학생들이 그 책을 읽도록 권장한다. 학생의 참여를 유도하고 보다 적극적인 역할을 할 수 있는 경험을 제공하기 위한 한 가지 방법은, 학생들이 수업 중에 책추천하기 활동을 하도록 초대하고 다른 학생에게 추천할 내용을 공유하는 것이다(Fisher & Frey, 2018).

---

[1] '책추천하기'는 교사가 특정 책에 대해 '추천(축복)'함으로써 학생들이 책을 읽도록 동기를 부여하는 활동이다. 책을 축복한다는 것은 그 책을 칭찬하고, 호의를 보이는 것으로 제목 소개, 혹은 저자, 등장인물 및 줄거리에 대한 간단한 설명 등이 포함될 수 있다. 추천한 책은 학생들이 선택하여 읽을 수 있도록 잘 보이는 곳에 두어 학생의 자발적인 읽기와 토론을 독려할 수 있다.

학생들은 책을 선택하고 추천하여 다른 학생들에게 이 책을 읽도록 격려할 수 있다. 이러한 방식으로 학생들은 그 과정에서 다른 역할을 한다. 학생들은 더 이상 수동적인 참여자가 아니라 책을 통해 각자의 관심사를 공유하며 리더의 역할을 한다.

이러한 활동을 하는 문학 동아리의 이점은 학생 참여를 늘리고 책에 대한 그들의 관심과 우리 삶의 관련성에 대한 대화를 장려하는 것이며, 이는 다른 문헌에서도 입증되고 있다(Daniels, 2002; Raphael et al., 2001). 이와 같이 대화로 구성되는 맥락은 학생들이 자신의 아이디어에 도전하고, 다른 사람에게 질문하며, 자신의 관점을 공유할 수 있는 능력을 개발하도록 해 준다.

프로젝트 기반 학습

프로젝트 기반 학습(Project-based learning: PBL)은 학생이 결과물을 만드는 복잡한 실제 과제에 참여하는 수업 방식이다(Barron & Darling-Hammond, 2008). 이러한 탐구 프로젝트는 결과물 중심으로 학생들이 다른 사람과 자료를 함께 수행하고 작품을 발표할 수 있는 실습 기회를 제공한다. 프로젝트는 학생의 질문과 탐구에 의해 주도되며, 학생들은 학습 전반에 걸쳐 스스로 조사하고 답을 찾아가며 의견을 말하는 활동을 하게 된다(Merritt et al., 2017; Tal et al., 2006). 이러한 학습 기회는 학생 주도적이며 교사는 학생들의 흥미를 촉진한다.

태평양 북서부의 4학년 제이(Jaye) 선생님 반은 학생들이 지역의 무지개 송어와 지역 내 어업에 대한 관심을 갖도록 송어와 관련된 환경 문제에 대해 PBL 수업을 하였다. 학생들은 종종 송어 낚시를 위해 가족과 함께 인근 강으로 여행을 떠난 이야기를 나누었다. 제이 선생님 반은 부화장이 있는 지역 댐을 방문하기 위해 매년 현장체험을 갔다. 이 지역의 신문 독자란에는 지역 댐이 부화장을 지원해야 하는지 아니면 연어가 스스로 생존하게 해야 하는지에 대한 편지들이 실렸다. 제이 선생님은 학생들 중 적어도 절반이 강에서 낚시를 하거나 부화장에서 일하는 친척이 있다는 것을 말해 주었고, 이 이슈는 많은 학생의 가정에서 열띤 토론거리가 되었다.

학생들은 논쟁적인 관점에 대하여 지역사회를 위한 안내문을 만들었다. 이 단원이 진행되는 동안, 제이 선생님은 학생들의 토론을 촉진하고 학생들에게 아이디어와 학습한 세부 내용을 이끌어 내기 위해 몇 가지 질문을 했다. 이 단원 수업을 관찰했을 때, 나는 제이 선생님이 학생들에게 "잘 모르겠군요. 우리가 함께 알아봅시다!"라고 말하는 것을 자주 들을 수 있었다(Vaughn & Parsons, 2013).

다중모드로 디자인하기

다중모드(multimodal)[2] 워크숍 및 다중모드 발표(Jiang et al., 2020; Kuby & Vaughn, 2015)는 학생들이 작품을 포함하고 질문과 관

---

2 다중모드로 번역한 'multimodal'이라는 용어는, 우리나라 〈2022 개정 교육과정〉 국어과에서 '복합 매체' 혹은 '복합 양식'이라는 말로 번역되어 사용되고 있다. 이는 문자와 더불어 그림이나 영상, 소리 등이 복합적으로 매체(media)로서 기능할 수 있다는 최근 매체 담론에 근거한 용어로서, 문자 중심의 세계 이해가 근대적 제

심에 대한 다중모드 산출물(artifacts)을 만들기 위해 자료를 가지고
자유롭게 놀 수 있는 공간을 제공한다. 학생은 다양한 매체를 활용
하여 작업하면서 주도성을 활용하고 교사, 제작자 및 선구자가 될
수 있다. 이와 같은 공간을 만드는 것은 학생 주도성을 발휘할 수
있는 기회로 작용할 수 있다. 즉, 자신의 생각, 대화, 다양한 방식,
자료 및 아이디어를 활용하여 산출물을 만들 수 있다. 다중모드 워
크숍 사례에 대한 연구에서, 나는 학생들이 만든 창작 결과뿐만 아
니라 자료, 주제, 장르 및 프로젝트에서 협력할 친구를 선택하는 것
과 같이 창작 과정에서도 주도성을 발휘하는 순간을 발견할 수 있
었다.

원격 학습(remote learning) 또한 학생들이 더 자유롭게 탐구할 수
있고 교사가 학생 선택을 위한 더 많은 기회를 구성할 수 있는 학생
주도성의 기회를 지원할 수 있다. 나와 함께 일하는 교사의 사례를
생각해 보자. 그녀는 학생들에게 흥미로운 공부 방식을 지원하기
위해 새로운 온라인 학습 플랫폼을 탐색하는 방법을 배우고 있다.

수업을 설계하기에 앞서, 그녀는 학생들에게 미국 역사에서 어
떤 주제들이 흥미로웠는지, 무엇을, 그리고 왜 배우고 싶은지 묻는
설문지를 학생들에게 보냈다. 교사는 학생들을 소규모 협업 그룹
으로 나누어 학생들이 완성할 과제와 개방형 학습 과제를 설정했
다. 예를 들어, 학생들은 그룹 내에서 개별적 그리고 집단적으로 수

도화의 중심에 있었다는 비판적 성찰로부터 비롯된다. 즉, 문자 언어의 권위를 해
체하고 다양한 매체의 상호 영향관계를 인정하면서, 그것을 해석하는 이의 종합적
구성능력과 자유로움을 허용하는 방향성과 밀접한 관련을 가진다고 할 수 있다.

행할 다양한 과제 중에서 선택할 수 있었다. 한 그룹은 이민자들의 과거와 현재의 권리를 선택했다. 학생들은 이민자가 미국으로 이주한 시대에 자신이 살고 있다고 가정한 역사 소설 에세이를 쓰거나, 이민자의 권리에 대해 서로 중요한 질문을 하는 모의 인터뷰를 진행할 수 있었다. 또한 자신의 지식을 표현하는 다중모드 발표도 할 수 있다. 이러한 방식으로 원격 학습이 교사와 학생의 학교 수업 운영 방식의 일부가 되는 기회로 구조화되어, 학생에게 흥미와 열정을 추구할 수 있는 유용한 방법을 제공한다.

학생 주도성은 교사와 학생이 성취하고자 하는 바에 대한 비전을 분명히 하고 비전을 의도와 신념에 연결시킬 때 풍성해진다. 특정 수업 방법과 구조는 학생에게 주도성을 활용할 수 있는 기회를 제공할 수 있다. 주도성은 학생이 ① 학습에 대해 중요한 결정을 내릴 수 있도록 하고 ② 자신의 생각을 말할 수 있도록 하며 ③ 관점에 도전할 수 있도록 할 뿐만 아니라 ④ 문제를 해결할 수 있도록 대안적인 해결책을 만들어 낸다. 교사는 적응적 접근 방식을 취하고, 수업을 구성하는 방식, 제공하는 자료, 주도적인 학생을 양성하는 과정의 토론 유형에 대해 신중하게 생각해야 한다.

함께 생각해 보기

학생 주도성은 학교의 구조와 지원 유형에 대한 신중한 사고와 성찰을 포함하는 복잡한 과정입니다. 다음 질문에 대해 생각해 보십시오.

⋯▸ 교사로서 당신의 비전은 무엇입니까? 왜 그렇게 생각합니까?

⋯▸ 학생들을 위한 당신의 비전은 무엇입니까? 왜 그렇게 생각합니까?

⋯▸ 학교/지역사회를 위한 당신의 비전은 무엇입니까? 왜 그렇게 생각합니까?

⋯▸ 이 장에 요약된 어떤 수업이 당신에게 가장 의미 있습니까? 그 이유는 무엇입니까?

⋯▸ 교실과 학교에서 학생 주도성을 발전시키기 위한 추가적인 전략과 지원은 무엇입니까?

8장 주도성 문화의 함양

> 환경을 선택하고 형성함으로써, 사람들은 자신이 어떤 사람이 되는가에
> 관여할 수 있다.
>
> -밴듀라(Bandura, 2001, p. 11)

학생의 주체적 삶을 확장하기 위해 학교에서는 주도성 문화
(culture of agency)를 어떻게 만들어 나갈 수 있는가? 학교와 교실은
학생, 교사, 지역사회에 어떤 모습이어야 할까? 오늘날 학교에서 학
생 주도성에 대해 생각할 때, 우리는 이 두 가지가 어떻게 조화될 수
있는지를 개념화하는 데 어려움을 겪을 수 있다. 최근의 교육 개혁
들, 예를 들면 전미 주지사 협회 우수사례센터와 주립학교 최고책
임자협의회(National Governors Association Center for Best Practices[1]

---

1 전미 주지사 협회(이하 NGA)는 1908년에 설립된 주지사들의 의견을 내는 미국에

& Council of Chief State School Officers, 2010),[2] NCLB(2002), 미국 교육부(2009)의 노력은 결과적으로 학생 주도성 함양에 초점을 두지 않는 학습 맥락을 초래했다.

학생들은 학교 교육의 주요 맥락을 경험하는 것 외에도 '세계 만들기(making worlds)' 과정인 **즉흥**(improvisations)을 통해 자신의 정체성을 협상하고 공동 구성한다는 점을 이해하는 것이 중요하다(Holland et al., 2001). 바흐친(Bakhtin, 1986)의 '자기서술(self-authoring)' 개념은 지속적으로 공동 구성되는 것이며, 정체성과 주도성이 재형성되고 재구성되는 과정이다. 이 과정을 통해 학생들은 학교에서 자신이 누구인지에 대한 인식을 협상해 나간다. 사실상, 학생의 주도성은 그들의 정체성과 밀접하게 연결되어 있다. 따라서 정체성, 기능, 주도성은 그들이 학교에서 해석하고 즉흥적으로 수행할 때 함께 개발된다.

의심할 여지없이, 존스턴(Johnston, 2004)이 언급한 대로 "학교에서 아이들이 습득할 수 있는 주체적인 내러티브 구조(agentive narrative lines)를 확장하도록 돕는 것이 우리의 일이다"(p. 40). 만약 우리가 주도성을 함양한다면 학교에서 무슨 일이 일어날 수 있을까? 학교가 어떻게 이것을 가능하게 할 수 있을까? 현재의 인종 갈

서 가장 신뢰받는 공공 정책 기관 중 하나이다. NGA에서는 전미 주지사 협회 우수사례센터(https://www.nga.org/bestpractices/)를 운영하여 오늘날 가장 시급한 공공 정책 과제에 대한 혁신적인 솔루션을 개발한다.

2 주립학교 최고책임자협의회(이하 CCSSO)는 미국의 초중등교육부, 컬럼비아 특별구, 국방교육활동부, 인도교육국, 미국 다섯 개 준주의 초중등교육부서를 이끄는 비당파적이고 비영리 단체이다.

등(racial tensions)이 구조적 불평등(structural inequalities)을 심화시켰고, 유색 인종이나 빈곤 계층의 학생, 영어가 모국어가 아닌 학생들의 주도성을 거부해 왔다(Flores & Rosa, 2015). 이제는 주도성이 학교의 핵심 신념과 행동의 일부가 될 수 있는 방법을 검토해야 한다.

이 장의 초점은 학생 주도성을 지원하기 위해 학교 내 구조를 전환하고 변화시키는 방법을 살펴보는 것이다. 학교 문화는 사람, 상호작용, 연결 그리고 핵심 신념과 행동을 개발함으로써 강화된다(Green, 2017). 따라서 다음으로는 담임교사, 학생, 교장이라는 세 주체가 핵심 신념과 행동, 상호작용 및 연결에 중점을 두어 주도성 문화를 개발해 가는 과정을 서술하고자 한다. 이는 교육 리더십의 이해, 교사와 학생과의 참여적 실행 연구, 그리고 이 책에서 설명하는 이론적 틀에 근거하여 도출된 것이다.

담임교사

학생 주도성을 만드는 데는 빠른 해결책이 없다. 그러나 내가 이 책에서 강조한 것은 학생 주도성을 함양하기 위해 과제를 실행할 때는 근본적인 원칙이 있다는 것이다. 학생 주도성을 함양하는 것은 성찰과 질문의 역할에 깊은 초점이 맞춰지도록 지원하여 학생 스스로 자신이 누구인지 주체적으로 생각하는 것과 연결되도록 돕는 것이다. 그러므로 학생의 지향성과 목적이 학교의 일상적인 구조, 과제, 단원 및 리더십 기회 등에 어떻게 내재될 수 있는지에 대한 질문과 성찰은 필수적인 과정이다.

담임교사(classroom teacher)가 수업 실천에 대해 스스로에게 질문하고, 학생과 교육 및 학교에 대한 신념을 가지고 학생의 아이디어와 관심사를 지원하는 것은 중요하다. 우리가 구성하는 과제와 이러한 과제에 대한 학생의 생각을 이해하기 위해서는 신중한 성찰이 필요하다. 이를테면, 학생이 교실에서 어떤 위치에 놓이는지, 우리가 교사로서 학생을 지원하고 격려하기 위해 사용하는 상호작용과 협상은 어떤 모습이어야 하는지에 대해 비판적으로 검토해야 한다. 우리는 또한 기회가 누구에게, 언제, 어떤 상황에서 효과가 있는지에 대해서도 의문을 가져야 한다. 주도성 문화를 함양하는 것은 실제적이고 진정한 방식으로 학생을 초대하고 존중하는 것이다. 주도성은 누군가에게는 당연히 주어지고, 누군가에는 주어지지 않는 그런 것이 아니며, 추가적인 것도 아니다. 주도성 문화를 개발하기 위해 교사는 학생의 성향과 동기를 지원하는 역할과 학생이 학교와 교실에서 어떻게 위치하는지 이해하기 위한 성찰부터 시작해야 한다.

예를 들어, 학생 주도성을 위한 교류를 고려해 보자. 2018년 미국 이민 정책에 대한 토론에서, 8학년을 가르치는 교사 빈센트(Vincent)는 학생들에게 미국 국경에서 아이들과 헤어진 부모의 이야기를 직접 읽어 보도록 했다. 빈센트 선생님은 학생들이 눈에 띄게 화가 난 것을 알아차리고, 사회 수업을 계속하기보다는 학생들에게 의미 있는 다음 단계들을 공유하기로 하였다. 한 그룹의 학생들은 대통령에게 편지를 쓰고, 그들의 의견을 나누며 주요 문서를 사용하여 현재 정책에 반대하는 입장을 지지하겠다고 제안했다. 또 다른 그룹의 학생들은 자원봉사 기회를 알아보기 위해 지역 난

민 단체를 조사하기로 결정했다. 어떤 학생들은 공책에 답을 하는 것을 선호했고, 다른 학생들은 짝에게로 눈을 돌려 그들의 생각을 이야기했으며, 손을 들고 질문하는 학생들도 있었다. 빈센트 선생님은 즉시 학생들에게 응답했고, 그렇게 함으로써 학생들의 주도성을 강화해 나갔다.

앞에서 알 수 있듯이 학생 주도성을 위한 기회를 지원할 때 적응적이고 반응적인 교수법(adaptive and responsive teaching)은 매우 중요하다. 보이드 등(Boyd et al., 2020)은 반응적 교수법의 역할과 그러한 교수법이 학생의 주체적인 반응에 얼마나 영향을 끼치는지를 강조했다. 이러한 반응성은 학생들의 관심사, 흥미 그리고 당면한 구체적인 교육 상황을 충족시킬 수 있는 가교 역할을 하며 학생 주도성을 함양하는 수단이 된다. 이 책에서 언급된 빈센트와 같은 교사들은 교실에서 학생 주도성을 함양하고 있으며, 학생 주도성을 지원하는 방식에서 다음과 같은 특징이 있다.

- 학생들의 지식, 언어 능력, 인종 정체성 및 가정 문화를 존중한다.
- 학습의 전 영역에 학생의 비전, 아이디어, 신념을 초대한다.
- 유연하고 적응적인 교수 자세를 유지한다.
- 성찰에 기반한 실천을 통해 어떤 활동이 누구에게, 어떤 상황에서 효과가 있는지 알아본다.

주도성 문화를 함양하는 것은 담임교사가 학생을 존중하는 교육에 대한 비전을 개발하고, 학생들의 비전과 아이디어를 교실로 이끌어, 융통성 있고 적응적인 교수법을 채택하는 것에서 시작된다. 교사의 개인 및 집단적 주도성을 업무에 반영하는 방법을 이해하는 것 또한 주도성 문화를 함양하는 데 중요하다. 코크런-스미스(Cochran-Smith, 2005)는 교사를 교육 개혁의 핵심으로 보았다.

교사는 학생 주도성의 지지자(advocates)이다. 지지자는 세르지오반니(Sergiovanni, 2001)가 말한 대로 학교 및 학교의 내부에서 일어나는 일에 대한 전문 지식을 가지고 있다. 또한 코크런-스미스와 라이틀(Cochran-Smith & Lytle, 2009)은 지지자가 "정보의 흐름을 돕고 특정 가치나 집단을 지원하기 위해 자원을 축적할 수 있는 기회를 만드는 사회적 위치"에 있다고 밝혔다. 교사가 함께 성찰적 연구에 참여하는 과정인 집단 실행 연구(collective action research)를 통해, "교사들이 관찰한 내용이 함께 개념화될 때 강력한 설명력과 일반적 관련성을 가질 수 있다"(Campano, 2007, p. 115).

학생

이 책을 준비하면서 학생, 교사, 연구자로서의 내 역할에 대해 성찰하였다. 나는 학교에서 두 학생의 주도성 경험에 대해 이야기를 나눈 후 당황스러웠던 경험이 있었다.

> "나는 주도성이 무엇인지 배운 적이 없어요. 이는 우리 학교가 우리를 어떻게 실패하게 했는지 잘 보여 주는 예라고 생각해요."
>
> −8학년 남학생

"나는 도서관에서 책을 많이 읽었다고 해 주는 보상 파티를 건너뛰고 싶어 그 외 학교 교육활동은 괜찮아요. 나에게 주도성은 스스로를 당황하게 하 거나 선생님을 귀찮게 한다는 의미예요. 나는 그렇게 하고 싶지 않아요."

　　　　　　　　　　　　　　　　　　　　　　　　　　　－7학년 여학생

　이러한 학생들의 반응은 교사와 관리자가 학교나 교실에 대해 듣고 싶어 하지 않는 것들이다. 아직도 일부 학생들은 주도성을 가 지고 행동한 적이 없거나 주도성이 스스로를 당황스럽게 하거나 교사를 귀찮게 할 뿐이라는 생각이 머리에서 떠나지 않는다. 학교 문화를 학생 주도성으로 재편하는 것이 중요하다. 학생은 자신의 주도성을 개발하는 데 중요한 역할을 한다. 그러나 학생은 학교에 서 너무 자주 무기력한 존재로 위치해 있다. 학생 주도성은 학생이 스스로 발휘하고 주도해야 하는 것으로 간주되어 전적으로 개인의 책임으로 보인다. 이것은 학교에서의 집단과 학교에 존재하는 정교 한 권력 위계를 고려하지 않은 단순한 견해이다.

　학생 주도성은 개인, 시스템, 경험 그리고 역사를 포함하는 복잡 한 과정(complex process)에 연결되어 있다. 주도성은 "개인적이면서 사회적이다. 주도성은 차원을 가로질러 행동으로 나타난다. 주도 성은 유연하다. 주도성은 과거, 현재 및 미래의 행동에 내재되어 있 다"(Massey & Wall, 2020, p. 172). 따라서 이 장은 학생을 위한 권고 사항이지만 교사 및 관리자와도 관련되어 있다. 다음의 권고 사항 은 학생이 자신의 주도성을 발휘한 교실에서 도출된 것이다. 이러 한 공통 요소는 학생의 주체적인 노력을 지원하는 방식에서 발견 된 것으로 주도적인 학생은 다음과 같이 수행한다.

- 교과, 학교 등에서 성취하고 싶은 것에 대한 비전을 개발한다.
- 자신의 사고와 행동을 성찰한다.
- 아이디어를 지원하기 위한 협업 및 개별 활동에 참여한다.
- 다양한 자료와 방식을 활용하여 자신의 학습을 공유하고 전시한다.

또한 학자들은 참여 연구를 통해 학생 주도성이 더 확장될 수 있음을 강조한다.

청소년 참여 연구는 학생이 자신의 목소리를 공유할 수 있는 통로가 되고 학생이 스스로 힘을 얻고 세상에서 배우고 행하는 것에 대해 적극적인 자세를 취할 수 있는 창구를 제공한다. 이러한 방식으로 학생은 교육과정에 대한 통찰력과 방향을 가질 수 있고, "교육과정의 공동 구성은 학교와 지역사회와의 관계를 변화시킬 수 있는 맥락을 제공하여 학생들이 사회, 문화, 정치적 환경에 더 많은 영향을 미치도록 한다"(Cochran-Smith & Lytle, 2009, p. 14).

교장

주도성의 핵심 신념을 개발하기 위해 관리자는 현재 학교 분위기와 학교 전반적인 리더십 접근 방식에서 주도성의 존재 여부를 검토해야 한다. 교장은 교육과정 결정에서부터 일상과 절차, 그리고 학교 분위기에 이르기까지 교사와 학생이 학교에서 어떤 위치에 있는지 성찰해야 한다.

나는 교사들과 함께 일하면서, 학생의 관심사를 충족하는 수업 구성에서부터 데이터 분석, 학급 구조와 주 표준 교육과정 탐색, 학생의 사회정서적 요구 충족에 이르기까지 교사들이 하는 과중한 일에 대해 경외감을 느꼈다. 교사는 급여와 지원이 줄어드는 열악한 교육 현실에도 불구하고, 믿을 수 없을 정도의 끈기, 품위, 지식, 열정으로 매일 이러한 요구를 충족시킨다. 나는 학생들의 요구를 지원하고 충족시키기 위해 교사들이 일상적으로 하는 일에 놀랐다. 하지만 교사들이 학교생활에서 이런 벅찬 일과 그 이상을 수행하는 것에 비해, 경험하는 주도성이 부족하다는 사실에 더욱 놀랐다. 함께 일하는 교사와 최근에 나눈 대화를 살펴보자.

> **마거릿**(저자): 오늘 학생들이 읽을 책을 직접 선택하게 할 건가요?
>
> **교사**: 아니요, 우리는 학생들이 필독서(the curricular set)를 읽도록 해야 합니다.
>
> **마거릿**(저자): 왜요?
>
> **교사**: 그래야 한다고 들었어요.

이러한 대화를 통해, 나는 그 교사가 학생들이 교실에서 읽을 수 있는 책 유형에 대한 주도성을 고려하지 않았다고 생각했다 (Vaughn, Scales et al., 2019). 이 대화는 거의 3년 전의 일이지만 내 마음에 오랫동안 남아 있다. 그 교사는 교육 리더십 분야에서 석사 학위를 취득하려는 노련한 교사였지만 학생 주도성에 대해 무감각했다. 도전적인 요구를 마주하고 해결해야 할 교사가 주도성을 잘 느끼지 못한다는 것이 가능할까? 학생 주도성 문화를 구축하는 것은 학생뿐 아니라 교사, 교직원, 학부모 모두를 위한 주도성 문화를 개발하는 것에서 시작한다. 효과적인 학교 리더십에 대한 연구를 토대로 학생 주도성을 함양하기 위해 교장은 다음을 수행해야 한다.

- 의사결정을 공유하고 리더십을 발휘한다.
- 전문적인 학습 기회에 참여하여 교사 주도성을 함양한다.
- 학부모, 가족, 지역사회 구성원과 의사결정 과정을 공유하여 학생의 정체성, 가정생활, 배경 및 학습 비전을 존중한다.
- 학생 주도성을 지원하는 실천을 촉진한다(7장 참조).

  학생 주도성 함양은 복잡하고 학생 개인의 인종적 정체성, 배경, 언어, 문화 및 교육적 강점을 고려해야 한다. 이러한 요소를 인식하고 교사, 부모 및 가족이 주도성 개발에서 중요한 파트너라는 것을 이해하는 것이 가장 중요하다. [그림 8-1]은 교사, 학생, 학부모와 공유된 주도성 비전을 만들어 가는 단계를 보여 준다.

[그림 8-1] 주도성 문화 조성 단계

핵심 신념 개발하기

주도성 문화를 발전시키기 위해 교사와 관리자는 현재 학교 분위기와 학교 내 주도성의 존재 여부를 검토해야 한다. 그렇게 함으로써 주도성에 초점을 맞추기 위해 다루어야 하는 학교와 지역사회의 핵심 신념(core beliefs)을 구별할 수 있다. 학교 전체에 학생 주도적인 문화를 구축하는 것은 모두를 위한 주체적인 문화를 발전시키는 것에서부터 시작된다. 학생 주도성 개발과 관련해 현재 학교의 핵심 신념을 반영하면 유의미한 대화가 이루어질 수 있다. 관리자와 교사는 학교에서 공유된 의사결정을 비판적으로 검토해야 한다. 교사가 전문가로서 주도성이 부족하면 교실에서 지원하는 주도성을 상상하기 어렵다. 주도성은 꼭 필요하고 학교의 중요한 부분이며 학교의 모든 구성원이 주도성을 가져야 한다는 믿음이 중요하다. 다음 질문들이 도움이 될 것이다.

교사용 질문

- 가르치는 것에 대한 나의 비전은 무엇인가? 교사로서 나 자신을 위한 비전은 무엇인가? 학생을 위한, 부모/보호자를 위한, 우리 학교 공동체를 위한 비전은 무엇인가? 이러한 비전은 교사 주도성과 학생 주도성을 지원하는 것과 어떻게 일치하는가?

- 나는 학생 주도성을 지원하기 위해 어떤 실천을 하고 있는가? 이를 수행하는 데 필요한 자원은 무엇인가? 내가 하는 실천에서 학생들이 주도성을 가지는지 어떻게 알 수 있는가?

- 현재 학교와 학년 수준에서 학생 주도성과 교사 주도성을 지원하기 위해 무엇을 하고 있는가? 이를 보다 강화하기 위해 무엇을 할 수 있는가?

관리자용 질문

- 우리 학교에 대한 나의 비전은 무엇인가? 관리자인 나 자신을 위한, 학생들을 위한, 부모/보호자를 위한, 우리 학교 공동체를 위한 비전은 무엇인가? 이것은 관리자로서 주도성과 학생 및 교사 주도성을 지원하는 것과 어떻게 일치하는가?

- 학생과 교사 주도성을 지원하는 활동에는 어떤 것들이 있는가? 구체적으로 이를 수행하는 데 필요한 자원은 무엇인가? 학생과 교사가 주도성을 가지고 있는지 어떻게 알 수 있는가?

- 현재 학교 및 학년 수준에서 학생들의 주도성과 관리자로서

자신의 주도성을 지원하기 위해 무엇을 하고 있는가? 이를 보다 강화하기 위해 무엇을 할 수 있는가?

실행하기

현재의 핵심 신념과 행동(behaviors)을 반영하여 목록을 작성한 후, 교사와 교장은 〈표 8-1〉의 질문에 답해야 한다.

표 8-1 주도성을 지원하는 방법

교사/관리자용		
나에게 주도성은 무엇을 의미하는가?	주도성을 촉진하기 위해 나는 어떤 활동에 참여하는가?	나의 주도성을 강화하려면 어떤 자원이 필요한가?
학생들에게 주도성은 무엇을 의미하는가?	학생 주도성을 촉진하기 위해 어떤 활동을 구조화하는 것이 도움이 되는가?	학생 주도성을 지원하려면 어떤 지원이 필요한가?
학생용		
나에게 주도성이란 무엇인가? 학교/수업에서 주도성을 어떻게 만들 수 있을까?	주도성을 기르려면 어떤 도움이 필요한가?	다른 과목에서도 주도성을 활용하려면 어떻게 해야 할까?

이 정보를 사용하여 지원적인 실행 계획을 개발할 수 있다. 예를 들어, 어린 학생들과 함께 주도성이 무엇인지, 왜 도움이 되는지,

학습 및 기타 환경에서 어떻게 활용할 수 있는지에 대해 소리 내어 읽어 볼 수 있다. 학생들을 주도성에 대한 대화에 참여시키고 주도성을 강화할 수 있는 활동에 대해 성찰하게 해야 한다. 예를 들어, 샤르마(Sharma, 2008)는 8학년 과학 수업에서 자신의 삶과 연계되는 과학적 담론에 참여할 때, 학생들이 주도성을 보여 준다는 것을 발견했다. 이런 식으로, 어떤 수업 실천이 학생 주도성에 효과가 있는지 성찰하는 것은 학생 주도성을 구성하는 방법에 대한 통찰을 제공할 수 있다.

상호작용과 관계 맺기

긍정적인 학교 문화와 분위기가 있는 학교는 학생과 교사가 서로 존중하고, 지원하는 비전을 공통적으로 가지고 있다. 주도성 문화를 조성하는 데 필요한 상호작용과 관계 맺기(interactions and connections)는 학교마다 다르게 보일 수 있다. 즉, 교사가 학교에서 전문성 개발 워크숍을 주도하는 것에서부터 학생이 다른 학년이나 지역사회에서 발표를 수행하는 것, 학생들이 긍정적인 상호작용에 참여하는 학교 전반의 실천을 발전시키는 것까지 다양하다. 주도성 함양을 목표로 상호작용과 관계 맺기를 유지하려면 모든 개인이 포함되고 개별성이 유지되는 성찰적 실천에 참여해야 한다.

성찰과 주체적 행동하기

마지막으로, 교사, 교장, 학생은 비판적 성찰(critical reflection)을 해야 한다. 그들의 참여 여부를 묻는 것은 집단 주도성에 중요한 핵심 신념과 행동을 뒷받침한다. 주체적 행동하기, 즉 행위(action)[3]에 대한 성찰 사이클은 균형과 견제 시스템으로 지속되며, 주체적 기회를 지원하는 실천을 강화한다.

학교에서 주체적 문화를 만들고 학생 주도적인 삶을 확장하기 위해 학교는 현재의 교육활동과 신념을 재고해야 한다. 학교 차원, 교실 및 개인 차원에서, 예컨대 교사, 학생, 관리자가 주도성에 대한 비전을 공유하는 것은 학교 전체의 주도성 문화를 개발하는 데 있어 개념적 로드맵을 제공할 수 있다. 학교에서 주체적인 실천과 기회를 보장하기 위해 실행된 행동을 검토하고 성찰하는 것은 미래에 대한 방향과 통찰을 제공하여 모두를 위한 공정하고 주체적인 실천을 보장한다.

---

3 행위로 번역되는 action이라는 용어는 이 책에서 행동으로 혼용되어 번역되었고, 일상적으로도 행동과 행위는 뚜렷한 구별 없이 사용되곤 한다. 그러나 20세기 철학자 한나 아렌트(Hannah Arendt)는 행동(behavior)을 근대 이후 표준화되고 획일화된 인간의 행동양식을 가리키는 말로 사용하며 인간의 고유함을 드러내는 행위(action)와 구별하여 사용한다. 아이디어를 실천으로 옮긴다는 차원에서 이 글은 앞서 action을 행동이라고 번역하기도 하였으나, 이 절에서는 주체적인 개인의 행위를 드러낸다는 의미를 살려 '주체적 행동하기'로 옮긴다.

함께 생각해 보기

이 장에 제시된 아이디어를 사용하여, 이 행위들을 실천하기 위한 실행 계획을 개발해 봅시다. 여러분의 개인적인 비전을 다시 살펴보고, 학생들이 자신의 비전을 만들도록 초대합시다. 그리고 학교 동료 교원과 협력하여 학생 주도성 지원을 위한 비전을 개발하고 지원해 봅시다. 학생 주도성 함양을 위한 비전 개발은 다양한 교육 관계자가 참여하는 다면적인 과정입니다. 우리는 학생들에게 주도성 함양에 도움이 되는 것과 그렇지 않은 것을 질문함으로써 대화를 시작할 수 있습니다. 부모/보호자 및 지역사회 구성원을 초대하여 이러한 협력적 대화를 해 봅시다.

9장 미래에 대한 전망

가능성은 항상 존재한다. 그리고 가능성은 자유를 추구하는 공간이 열리
는 곳이다.

-그린(Greene, 1988, p. 128)

공정한 학습 공간이란 정확히 무엇을 의미하는가? 개인의 위치
는 어떻게 정해지는가? 누구의 목소리가 들리고 그 이유는 무엇
인가? 누구나 이용할 수 있는 자료와 자원은 무엇인가? 결국 학생
은 무엇을 하고 있는가? 우리는 학생이 학습 동기를 부여받는 효
율적인 교실에서는 교사가 학생의 관심과 문화, 역사 및 탐구를 지
지한다는 것을 계속적으로 상기할 수 있었다(Mendoza et al., 2018;
Zaccor, 2018). 교사 실천에 관한 연구들을 통해 유능한 교사가 학생
에게 독립적인 의사결정과 주도성을 표현할 기회를 제공한다는 것
또한 알고 있다(Pressley et al., 2001). 교사와 학교는 학생들의 목소

리와 의견을 들을 수 있는 유연한 공간을 개발하는 데 중요한 역할을 한다(Barton & Tan, 2010).

주도성은 학생 개개인이 지향, 결정 및 행동을 통해 학습 맥락에서 영향을 미치고 기회를 창출하는 능력이다. 이 책 전체에서 주도성은 학생, 교사, 학교에 의미하는 바를 설명하기 위해 개념화되었다. 각 장의 목표는 학교에서 주체적인 공간을 조성하는 데 관련된 차원을 이해하는 것이다. 국가가 정치적 불확실성과 고조된 인종적 불평등 및 불의에 직면함에 따라, 학생 주도성에 대해 대화하는 시간은 매우 중요하다. 나는 각각의 장들이 주도성의 본질에 대한 비판적 토론을 제공하여 보다 공정한 학교 공간을 만들 수 있기를 바란다.

학생 주도성에 대한 이해에서 더 나아갈 방향은 어디일까? 이 질문을 탐구하기 전에 몇 가지 이해가 선행되어야 한다. ① 주도성은 상황적이고 집단적이며 협력적인 과정이다. ② 학생 주도성은 학생들의 배경, 언어, 경험 및 정체성을 실천에서 연결한다. ③ 학생 주도성은 복잡한 학습 환경에서 상호 의존적으로 재구성된다. 다이슨은 학교 공간이 학생의 주도성을 제한한다고 강조했고(Dyson, 2020), 이러한 학교 공간에서 주도성은 학생을 위한 학습 경험을 구조화하고, 재구성 및 구체화하는 도구로 사용될 수 있다. 주도성은 사회문화적 매개의 도구(sociocultural mediating tool)이며 "주도성을 가진 학생과 그 가족은 권력과 불평등 문제를 분별하게 되고 교육적 맥락에서 개인과 공동체의 자기결정을 강화하는 방식으로 행동한다"(Campano et al., 2020, p. 224).

나는 마지막 장을 쓰면서 다른 많은 사람과 마찬가지로 최근 사건에 대한 우려를 표하고 있다. 미국에서는 흑인에 대한 폭력이 지속적으로 일어나고 있으며, 우리는 학교가 소외 계층의 불평등을 강화하고 있지는 않은지 비판적으로 검토해야 한다. 주도성을 이해하고 가르치는 것이 그 어느 때보다 필요한 시점이다. 학교는 이러한 내러티브를 재구성할 수 있는 잠재력이 있다. 실제로 "교실은 정치와 아무런 관련이 없는 공간이 아니라, 오히려 학생의 잠재적인 삶의 궤적에 대한 투쟁과 저항의 장이다"(Hatt & Urrieta, 2020, p. 210). 이는 지루와 사이먼(Giroux & Simon, 1989)이 교육학에 대해 자세히 설명한 것과도 일치한다.

> 교육학(pedagogy)은 사회적 관계 안에서, 또 관계들 사이에서 만들어지는 지식과 정체성의 유형 및 방법에 영향을 미치려는 의도적인 시도이다. 이러한 시도는 사람들이 특정한 '도덕적 인격'을 습득하도록 자극하는 하나의 실천으로 이해될 수 있다. 정치적이고 실천적인 활동으로서, 교육학은 경험의 발생과 질에 영향을 미치려고 노력한다. 교육을 실천할 때 사람들은 의도적으로 경험을 다양한 방식으로 조직하고 해체하려는 행동을 한다. 교육학은 지식이 생산되는 과정에 주목하는 개념이다(p. 12).

이러한 교육학의 힘으로 교사와 관리자는 다음의 질문들을 해야 한다. "학생이 교실과 학교에서 자기서술 및 자기제작(self-making), 즉 주도성을 위해 어떤 기회를 갖기를 원하는가?"(Hatt & Urrieta, 2020, p. 212) 이러한 입장에서 주도성을 보는 관점은 주도성이 "세계에서 맥락적으로 존재하는 하나의 방식"임을 이해하는 데 도움이 된다(van Lier, 2008, p. 3). 학교 교육과 관련하여 개인과 집단은 모두 필요하며, 주도성과 관련하여 그 어느 쪽도 상대방 없이 존재할 수 없다. 즉, 개인과 집단은 학교에서 밀접하게 연결된 주도성으로 함께 작동한다.

이러한 입장은 학습에서 학생 주도성의 중요성과 주도성에 대한 유용한 시각을 제공한다. 하지만 나는 교장으로서 학생 주도성에 대한 공동 작업이 왜 필요한지 다시 한번 질문하고 싶다. "주도성이 **정말** 중요한가?"(Vaughn, 2020, p. 239) 나는 학생 주도성을 지원하는 것이 그 어느 때보다 중요하다고 생각한다. 우리는 공동체로서 학교에서 가장 중요한 것, 즉 학생의 표준화된 학업 성취도에 대한 편협한 관점에 맞서야 한다. 학생의 성적이 중요한 것은 의심할 여지가 없지만, 학생 주도성을 지원하는 것 또한 중요하다. 미국 내 학교의 사회적 불평등과 소외된 계층에 대한 양극화된 인종 담론과 폭력을 감안할 때, 학생 주도성에 대한 관심은 그 어느 때보다 지금 필요하다.

어디를 향해 가야 할까

지금까지 나는 이 책을 통해 학생 주도성이 학생의 개인적인 성향과 동기를 나타내면서 복잡한 사회적 공간에 위치하는 하나의 탐색 도구라는 점을 살펴보았다. 많은 학교에서 학생 주도성이 요원한 목표라는 점을 감안하여, 여기에서는 학생, 교사, 교사 교육자, 관리자 및 정책 입안자에게 시사점을 제공하고자 한다.

학생

여러분의 생각, 목소리, 행동이 중요하다는 것을 계속 인식하기 바랍니다. 학생 여러분은 중요합니다.

교사

교사는 학생이 학습 상황에서 주도성을 가질 수 있는지와 관련하여 많은 방식으로 중요한 문지기 역할을 한다. 교사는 학생 주도성을 지원하기 위해 무엇을 할 수 있을까? 유연하고 적응적이며 성찰적인 자세를 취하는 것이 가장 중요하다. 교사는 학생과 함께 교실을 공유하고 학습 기회가 있는 동안 공동 창작자로서 학생들을 지원해야 한다. 적응성은 교사가 학생의 관심사, 질문 및 경험에 귀를 기울이고 학생과 함께 학습 기회를 공동으로 구성하는 방식의 수업이다(Vaughn, 2019).

성찰적 입장을 취하는 것은 교사가 이 책에서 제시하는 주도성의 차원(즉, 성향적, 동기적, 위치적)을 어떻게 지원할 수 있는지 알기 위해 자신의 실천을 비판적으로 검토해야 함을 의미한다. 교사는 자신의 비전을 주의 깊게 성찰하고, 학생의 비전을 재검토하며, 실천에 대해 학생들과 대화해야 한다. 교사는 주도성을 위한 기회가 어떤 방식으로, 누구를 위해, 어떤 목적으로 구성되어 있는지 질문하고, 자신의 실천에 의문을 가져야 한다. 모세스 등(Moses et al., 2020)이 말한 것처럼 교사는 학생을 주체적인 위치로 만들 기회를 구조화하려는 노력에서 자신의 수업, 학생의 학습 및 자율성에 대한 신념을 비판적으로 드러내야 한다. 비슷하게, 교사는 주도적 기회를 촉진할 수 있는 수업 실천 방법들을 배울 필요가 있다. 예를 들어, 브라운(Brown, 2020)은 집단적인 논쟁을 강조하였고, 카바그네토 등(Cavagnetto et al., 2020)은 주도성에 도움이 되는 수업 활동을 구조화하는 수단으로서 작가성(authorship)의 역할을 강조했다. 교실에서 주도성에 대한 '특단의 해결책'은 없지만, 무엇이 효과가 있는지, 누구를 위해, 어떤 상황에서 도움이 되는지를 탐구하는 성찰에 참여한다면 학생 주도성을 위한 경로를 분명하게 해 줄 수 있다.

교사가 교육적 실천을 배우고 자신의 실천을 성찰하는 것은 핵심적이다. 교사 주도성을 지원하는 것은 학생 주도성과의 중요한 연결 고리가 될 수 있다(Dyson, 2020; Robertson et al., 2020). 실행 연구에 참여하는 것은 이러한 노력을 하는 교사에게 하나의 중요한 도구가 될 수 있다. 실행 연구는 "교사가 자신의 신념을 검토하고, 실천에 대한 자신의 이해를 탐색하며, 비판적 성찰을 촉진하고, 의사결정 능력을 발달시켜, 궁극적으로 자신의 수업능력을 향상시키고 각 상황을 통제하는 데 기여할 수 있다"(Ginns et al., 2001, p. 129). 이처럼 교사는 학교와 지역에서 실행 연구를 활용하여 학생 주도성 지원에 도움이 되는 더 공정한 실천을 장려하기 위해 정책이 어떻게 변경되어야 하는지에 대한 정보를 제공할 수 있다.

교사 교육자와 전문성 개발자

교사 교육자(teacher-educators)와 전문성 개발자(professional developers)는 교사의 전문성 연수 과정에서 교사를 지원하는 위치에 있다. 그러므로 학습 기회를 구성할 때 학생 주도성의 역할에 대한 대화를 꼭 나누어야 한다. 예를 들어, 우리 교사 교육 프로그램에 대한 최근 관심사를 살펴보자.

예비 교사들은 학급경영을 배우길 원하고, 학교도 예비 교사에게 학급경영을 가르치도록 권장한다. 나 역시 여기에 반대하는 것은 아니지만, 우리 학과의 대화는 학생 주도성이 논의되지 않은 채 항상 학습에 대한 실천과 접근으로 마무리된다. 대화는 교사가 학생을 통제할 수 있는 방법에 중점을 둔다. 학생의 선택과 주도성을 위한 과제와 기회는 결코 그 논의에서 다루어지지 않는다.

예비 교사가 학생 주도성이 무엇인지 탐색하는 대화에 참여하여 그들이 했던 수업 관찰 실습(Lortie, 1975)에서 벗어나 실행할 수 있도록 하는 것이 중요하다. 학생들은 그들이 배운 것과 비슷한 방식으로 가르칠 가능성이 높기 때문이다. 이러한 대화에 참여할 수 있는 방법은 다양하다. 예를 들어, 자문화기술지(autoethnographic[1] practices)와 대항담론(counternarratives)(Beucher et al., 2019; Vaughn & Kuby, 2019)을 활용하면 학교 교육의 공정한 학습 실천, 생생하게 살아 있는 역사, 주도성의 역할이 비판적이면서도 사려깊게 드러날 수 있다. 매시와 월(Massey & Wall, 2020)은 예비 교사가 주체적인 태도를 기르고, 주도성의 역할에 대해 이해하며 학생 주도성을 키울 수 있는 권력 구조와 실천들을 비판적으로 분석해야 한다고 제안한다. 코크런−스미스(Cochran-Smith, 2020)는 우리가 학교에

---

1 autoethnography(자문화기술지)란 연구자 자신의 자기 성찰을 바탕으로 사회 현상을 통찰하는 질적 연구를 일컫는다.

서 자주 목격하는 불평등에 맞서 교육적 견해를 형성하는 데 기여하기 위하여, 예비 교사와 협력하는 방식에서 교사 교육자의 역할이 중요하다고 강조한다.

전문성 개발자의 경우, 교사 전문성을 지원하기 위한 전문 학습 공간을 구성할 수 있다. 학생 주도성에 초점을 맞춘 지속적이고 전문적인 개발을 하는 것이 필수적이므로 미래를 바라보는 전문성 개발자의 역할은 결코 과소평가될 수 없다(Bates & Morgan, 2018; Hargreaves, 2019).

행정가와 정책 입안자

학생 주도성은 중요하다. 우리 학교에서 무엇이 효과가 있는지 우리의 안목을 넓히는 것은 매우 중요하다. 학생의 학습과 관련하여 학생 주도성의 중요한 역할을 이해하는 것이 논리적으로 볼 때 다음 단계이다. 학생 주도성 지원과 관련한 의사결정 과정에 대한 교사의 노력을 경청하면 학생 주도성에 대한 지원을 강화할 수 있다. 성과급 기준을 학생 학습의 성과로만 간주하는 방식은 매우 협소하며 환원주의적이다. 이러한 기준에 보다 확실한 척도가 포함될 수 있는 방법은 무엇일까? 예컨대, 여기에는 학생 주도성을 지원하는 방향으로 전환한 교사 그룹의 실행 연구 또는 백서를 포함할 수 있다. 유연하고 적응적인 교사의 노력을 지원하고 학생 주도성이 부가적인 요소가 아니라는 점을 이해하는 것은, 논리적으로 볼 때 학생 주도성을 발전시키기 위한 다음 단계이다. 교사, 교사 교육자, 행정가 및 정책 입안자는 공동체로서, 주도성을 학교 전체의 실천으로 옮기기 위해 패러다임과 플랫폼 전반을 가로질러 협력해야 한다.

학자와 연구자

흥미롭게도 학생 주도성, 학습 성과 혹은 효과적인 교수 간의 관계는 연구문헌들에 잘 나타나 있지 않다. 그러나 주목할 만한 연구가 시작되고 있는데, 베이가 등(Veiga et al., 2015)은 청소년의 주도성을 조사했다. 또한 퍼거슨 등(Ferguson et al., 2015)은 중고등학생을 대상으로 학생 주도성을 측정했다. 그리고 본과 프레모 등(Vaughn, Premo et al., 2020)은 초등학생들이 읽고 쓰는 능력에 대한 주도성을 이해하는 데 사용할 설문조사를 개발했다. 그러나 학생 주도성과 학습 성과 간의 관계뿐만 아니라 교육의 다른 특성과의 관계를 탐색하는 더 많은 연구가 수행되어야 한다. 아울러 주도성에 대한 학생들의 목소리를 강조하기 위해서도 많은 연구가 필요하다.

결론

오늘날의 학교에서 학생 주도성은 필수적이다. 지금이 그 어느 때보다도 중요하다. 우리는 공동체로서 학교, 교사 교육, 서비스, 정책 및 연구 전반에 걸쳐 학생 주도성을 지지해야 한다. 이 책은 구체적인 교실의 구성원과 상황을 보여 주는 글, 이야기를 통해 학생 주도성의 내적 차원을 보이고자 하였다. 그럼으로써 학교에서 주도성이 무엇인지, 그리고 왜 필요한지 보여 주고자 하였다. 학생들이 주도성의 감각을 가질 때, 그들은 행동하고 수업 상황을 주도하기 시작한다. 이때 학생 주도성을 지원하고 향상시킬 기회를 놓치기 쉽다. 이 책은 담임교사의 수행을 평가하는 것이 아니라, 학생이 기여하는 방식으로 학생의 수업 중 주도성을 지원하는 기회를 조명하고자 하였다. 많은 교육자가 표준화된 평가에서 학생의 성적을 향상시켜야 한다는 범국가적인 요구에 따라 엄청난 도전과 압력에 직면해 있지만, 우리는 학생의 주도성을 발전시키기 위해 지속적으로 노력해야 한다. 나는 학교의 실천이 모든 학습자를 지원할 수 있도록 탐색과 지지의 도구로 주도성을 성찰하는 데 여러분을 초대한다. 우리 학생들은 주도성을 가질 자격이 있기 때문이다.

211

(주요 용어)

끈기(Persistence)

동기적 차원(Motivational Dimension)

목소리(Voice)

목적(Purpose)

반응적 교수법(Responsive Teaching)

상호작용(Interaction)

상호작용과 관계 맺기(Interactions and Connections)

선택(Choice)

성찰과 주체적 행동하기(Reflection and Action)

성향적 차원(Dispositional Dimension)

수업 실천(Instructional Practices)

실행하기(Enacting Behaviors)

유연성과 지지(Flexibility and Supports)

위치적 차원(Positional Dimension)

의사결정자(Decisionmaker)

주도성(Agency)

지각(Perception)

지향성(Intentionality)

학교 구조(Schoolwide Structure)

학습 성과(Learning Outcomes)

핵심 신념(Core Beliefs)

행동(Behaviors)

협상(Negotiation)

참고문헌

Abodeeb-Gentile, T., & Zawilinski, L. (2013). Reader identity and the Common Core: Agency and identity in leveled reading. *Language and Literacy Spectrum*, *23*, 34-45.

Ainley, M. (2006). Connecting with learning: Motivation, affect and cognition in interest processes. *Educational Psychology Review*, *18*(4), 391-405.

Alvermann, D. E. (2001). Effective literacy instruction for adolescents. *Journal of Literacy Research*, *34*(2), 189-208. https://doi.org/10.1207%2Fs15548430j lr3402_4

Apple, M. (1975). Scientific interests and the nature of educational institutions. In W. Pinar (Ed.), *Curriculum theorizing* (pp. 120-130). McCutchan.

Archer, M. (2000). *Being human: The problem of agency.* Cambridge University Press.

Archer, M. (2003). *Structure, agency, and the internal conversation.* Cambridge University Press.

Au, W. (2007). High-stakes testing and curricular control: A qualitative metasynthesis. *Educational Researcher*, *36*(5), 258-267.

Bakhtin, M. M. (1981). *The dialogic imagination: Four essays by M. M. Bakhtin.* University of Texas Press.

Bakhtin, M. M. (1986). *Speech genres and other late essays* (V. W. McGee, Trans.). University of Texas Press.

Ball, C., Huang, K. T., Cotten, S. R., Rikard, R. V., & Coleman, L. O. (2016).

Invaluable values: An expectancy-value theory analysis of youths' academic motivations and intentions. *Information, Communication & Society*, *19*(5), 618-638.

Bandura, A. (1986). From thought to action: Mechanisms of personal agency. *New Zealand Journal of Psychology*, *15*, 1-17.

Bandura, A. (1993). Perceived self-efficacy in cognitive development and functioning. *Educational Psychologist*, *28*(2), 117-148.

Bandura, A. (2001). Social cognitive theory: An agentic perspective. *Annual Review of Psychology*, *52*, 1-26.

Bandura, A. (2006). Toward a psychology of human agency. *Perspectives on Psychological Science*, *1*(2), 164-180.

Barron, B., & Darling-Hammond, L. (2008). How can we teach for meaningful learning. *Powerful Learning: What We Know About Teaching for Understanding*, *1*, 11-16.

Barton, A. C., & Tan, E. (2010). We be burnin'! Agency, identity, and science learning. *The Journal of the Learning Sciences*, *19*(2), 187-229.

Barton, A. C., Tan, E., & Rivet, A. (2008). Creating hybrid spaces for engaging school science among urban middle school girls. *American Educational Research Journal*, *45*(1), 68-103.

Basu, S., Calabrese Barton, A., Clairmont, N., & Locke, D. (2009). Developing a framework for critical science agency through case study in a conceptual physics context. *Cultural Studies of Science Education*, *4*(2), 345-371.

Bates, C. C., & Morgan, D. N. (2018). Literacy leadership: The importance of soft skills. *Literacy Coaching and Professional Development*, *72*(3), 412-415.

Berliner, D. (2011). Rational responses to high stakes testing: The case of curriculum narrowing and the harm that follows. *Cambridge Journal of Education*, *41*(3), 287-302.

Beucher, R., Handsfield, L., & Hunt, C. (2019). What matter matters? Retaining the critical in new materialist literacy research. *Journal of Literacy Research*,

51(4), 444-479.

Biesta, G., Priestley, M., & Robinson, S. (2015). The role of beliefs in teacher agency. *Teachers and Teaching, 21*(6), 624-640.

Bilac, S. (2012). Supporting students: The foundation of guidance in the classroom. *Schools, 9*(2), 134-146.

Bloome, D., Carter, S. P., Christian, B. M., Otto, S., & Shuart-Faris, N. (2004). *Discourse analysis and the study of classroom language and literacy events: A microethnographic perspective*. Routledge.

Botzakis, S., Burns, L. D., & Hall, L. A. (2014). Literacy reform and Common Core state standards: Recycling the autonomous model. *Language Arts, 91*(4), 223-235.

Boyd, M. P., Edmiston, B., Vasquez, C., & Staples, J. (2020). Song of the week: Developing we-for-us dialogic values. *Australian Journal of Language and Literacy, The, 43*(1), 95.

Brasof, M., & Spector, A. (2016). Teach students about civics through schoolwide governance. *Phi Delta Kappan, 97*(7), 63-68.

Brenner, D., & Hiebert, E. H. (2010). If I follow the teachers' editions, isn't that enough? Analyzing reading volume in six core reading programs. *The Elementary School Journal, 110*(3), 347-363.

Bronk, K. C. (2011). The role of purpose in life in healthy identity formation: A grounded model. *New directions for youth development, 2011*(132), 31-44.

Bronk, K. C. (2013). *Purpose in life: A component of optimal youth development*. Springer.

Brown, R. (2009). Teaching for social justice: Exploring the development of student agency through participation in the literacy practices of a mathematics classroom. *Journal of Mathematics Teacher Education, 12*(3), 171-185.

Brown, R. (2020). Re-conceptualizing the development of agency in the school mathematics classroom. *Theory Into Practice, 59*(2), 139-149.

Cammarota, J., & Romero, A. (2011). Participatory action research for high school students: Transforming policy, practice, and the personal with social justice education. *Educational Policy, 25*(3), 488-506.

Campano, G. (2007). *Immigrant students and literacy: Reading, writing, and remembering.* Teachers College Press.

Campano, G., Ghiso, M. P., Badaki, O., & Kannan, C. (2020). Agency as collectivity: Community-based research for educational equity. *Theory Into Practice, 59*(2), 223-233.

Campano, G., Ghiso, M. P., & Sanchez, L. (2013). "Nobody knows the . . . amount of a person": Elementary students critiquing dehumanization through organic critical literacies. *Research in the Teaching of English, 48*(1), 98-125.

Cavagnetto, A. R., Hand, B., & Premo, J. (2020). Supporting student agency in science. *Theory Into Practice, 59*(2), 128-138.

Certo, J., Moxley, K., Reffitt, K., & Miller, J. A. (2010). I learned how to talk about a book: Children's perceptions of literature circles across grade and ability levels. *Literacy Research and Instruction, 49*(3), 243-263.

Christian, B., & Bloome, D. (2004). Learning to read is who you are. *Reading & Writing Quarterly, 20*(4), 365-384.

Clarke, S. N., Howley, I., Resnick, L., & Rose, C. P. (2016). Student agency to participate in dialogic science discussions. *Learning, Culture and Social Interaction, 10*, 27-39.

Cochran-Smith, M. (2005). The new teacher education: For better or for worse? *Educational Researcher, 34*(7), 3-17.

Cochran-Smith, M. (2020). Accountability and initial teacher education reform: A perspective from abroad. *Wales Journal of Education, 22*(1), 61-83.

Cochran-Smith, M., & Lytle, S. L. (2009). *Inquiry as stance: Practitioner research for the next generation.* Teachers College Press.

Cook-Sather, A. (2020). Student voice across contexts: Fostering student agency in today's schools. *Theory Into Practice, 59*(2), 182-191.

Cooren, F. (2010). *Action and agency in dialogue: Passion, incarnation and ventriloquism* (Vol. 6). John Benjamins.

Cowie, B., & Khoo, E. (2017). Accountability through access, authenticity and advocacy when researching with young children. *International Journal of Inclusive Education, 21*(3), 234-247.

Cramer, E., Little, M. E., & McHatton, P. A. (2018). Equity, equality, and standardization: Expanding the conversations. *Education and Urban Society, 50,* 483-501.

Czerniewicz, L., Williams, K., & Brown, C. (2009). Students make a plan: Understanding student agency in constraining conditions. *ALT-J Research in Learning Technology, 17*(2), 75-88.

Damon, W. (2008). *The path to purpose: Helping our children find their calling in life.* Simon & Schuster.

Damon, W., Menon, J., & Bronk, K. C. (2003). The development of purpose during adolescence. *Applied Developmental Science, 7*(3), 119-128.

Daniels, H. (2002). *Literature circles: Voice and choice in book clubs and reading groups.* Stenhouse.

Deci, E. L., & Ryan, R. M. (1985). Conceptualizations of intrinsic motivation and self-determination. In E. Aronson (Ed.), *Intrinsic motivation and selfdetermination in human behavior* (pp. 11-40). Springer.

Deci, E. L., & Ryan, R. M. (2000). The "what" and "why" of goal pursuits: Human needs and the self-determination of behavior. *Psychological Inquiry, 11,* 227-268.

Delpit, L. (2001). Other people's children. *Harvard Educational Review, 56*(4), 379-385.

de Marrais, K. B., & LeCompte, M. (1995). *The way schools work* (2nd ed.). Allyn & Bacon.

Donnor, J. K., & Shockley, K. G. (2010). Leaving us behind: A political economic interpretation of NCLB and the miseducation of African American males. *Educational Foundations, 24*, 43-54.

Doyle, W. (1983). Academic work. *Review of Educational Research, 53*(2), 159-199.

Duckworth, A. L. (2017). *Grit-Why passion and resilience are the secrets to success*. Vermilion.

Duffy, G. G. (2002). Visioning and the development of outstanding teachers. *Reading Research & Instruction, 41*(4), 331-343.

Dweck, C. S. (2012). *Mindset: How you can fulfill your potential*. Constable & Robinson.

Dyson, A. H. (1984). Learning to write/Learning to do school: Emergent writers' interpretations of school literacy tasks. *Research in the Teaching of English, 18*(3), 233-264.

Dyson, A. H. (1986). Transitions and tensions: Interrelationships between the drawing, talking, and dictating of young children. *Research in the Teaching of English, 20*(4), 379-409.

Dyson, A. H. (1997). *Writing superheroes: Contemporary childhood, popular culture, and classroom literacy*. Teachers College Press.

Dyson, A. H. (2003). *The brothers and sisters learn to write: Popular literacies in childhood and school culture*. Teachers College Press.

Dyson, A. H. (2020). "This isn't my real writing": The fate of children's agency in too-tight curricula. *Theory Into Practice, 59*(2), 119-127.

Edwards, A., & D'Arcy, C. (2004). Relational agency and disposition in sociocultural accounts of learning to teach. *Educational Review, 56*(2), 147-155.

Edwards, A., & Mackenzie, L. (2005). Steps towards participation: The social support of learning trajectories. *International Journal of Lifelong Education, 24*(4), 287-302.

Evans, P., & Liu, M. Y. (2019). Psychological needs and motivational outcomes in a high school orchestra program. *Journal of Research in Music Education*,

67(1), 83-105.

Ferguson, D. L., Hanreddy, A., & Draxton, S. (2011). Giving students voice as a strategy for improving teacher practice. *London Review of Education*, *9*(1), 55-70.

Ferguson, R. F., Phillips, S. F., Rowley, J. F., & Friedlander, J. W. (2015). *The influence of teaching beyond standardized test scores: Engagement, mindsets, and agency*. Achievement Gap Initiative, Harvard University. http://www.agi.harvard.edu/publications.php

Ferrada, J. S., Bucholtz, M., & Corella, M. (2020). "Respeta mi idioma": Latinx Youth Enacting Affective Agency. *Journal of Language, Identity & Education*, *19*(2), 79-94.

Fisher, D., & Frey, N. (2018). Raise reading volume through access, choice, discussion, and book talks. *The Reading Teacher*, *72*(1), 89-97.

Flores, N. (2016). Combatting marginalized spaces in education through language architecture. *Penn GSE Perspectives on Urban Education*, *13*(1), 1-3.

Flores, N., & Rosa, J. (2015). Undoing appropriateness: Raciolinguistic ideologies and language diversity in education. *Harvard Educational Review*, *85*(2), 149-171.

Freire, P. (1970). Cultural action and conscientization. *Harvard Educational Review*, *40*(3), 452-477.

Freire, P. (2005). Pedagogy of the oppressed. *Continuum*.

Gambrell, L. B., Malloy, J. A., & Mazzoni, S. A. (2011). Evidence-based best practices in comprehensive literacy instruction. In L. M. Morrow & L. B. Gambrell (Eds.), *Best practices in literacy instruction* (4th ed.) (pp. 11-36). Guilford.

Garcia, A., Mirra, N., Morrell, E., Martinez, A., & Scorza, D. A. (2015). The council of youth research: Critical literacy and civic agency in the digital age. *Reading & Writing Quarterly*, *31*(2), 151-167.

Garud, R., Hardy, C., & Maguire, S. (2007). Institutional entrepreneurship as embedded agency: An introduction to the special issue. *Organization Studies*, *28*(7), 957-969.

Gay, G. (2002). Preparing for culturally responsive teaching. *Journal of Teacher Education*, *53*(2), 106-116.

Genishi, C., & Dyson, A. H. (2015). *Children, language, and literacy: Diverse learners in diverse times*. Teachers College Press.

Ghiso, M. P. (2011). Writing that matters: Collaborative inquiry and authoring practices in a first-grade class. *Language Arts*, *88*(5), 346-355.

Giddens, A. (1979). *Central problems in social theory: Action, structure, and contradiction in social analysis*. University of California Press.

Ginns, I., Heirdsfield, A., Atweh, B., & Watters, J. J. (2001). Beginning teachers becoming professionals through action research. *Educational Action Research*, *9*(1), 111-133.

Giroux, H., & Simon, R. (1989). Popular culture and critical pedagogy: Everyday life as a basis for curriculum knowledge. In H. A. Giroux & P. McLaren (Eds.), *Critical pedagogy, the state and cultural struggle* (pp. 236-252). State University of New York Press.

Green, T. L. (2017). Community-based equity audits: A practical approach for educational leaders to support equitable community-school improvements. *Educational Administration Quarterly*, *53*(1), 3-39.

Greene, M. (1988). *The dialectic of freedom*. Teachers College Press.

Gultom, F., Gultom, F., Kosasih, M., Li, M., Lie, J., Lorenzo, C., & Setiawan, D. (2019). What is home? A collaborative multimodal inquiry project by transnational youth in South Philadelphia. *in:cite journal*, *2*, 4-24.

Gutstein, E. (2007). "And that's just how it starts": Teaching mathematics and developing student agency. *Teachers College Record*, *109*(2), 420-448.

Hammerness, K. (2001). Teachers' visions: The role of personal ideals in school reform. *Journal of Educational Change*, *2*, 143-163.

Hargreaves, A. (2019). Teacher collaboration: 30 years of research on its nature, forms, limitations and effects. *Teachers and Teaching, 25*(5), 603-621.

Hatt, B. (2007). Street smarts vs. book smarts: The figured world of smartness in the lives of marginalized, urban youth. *The Urban Review, 39*(2), 145-166.

Hatt, B. (2012). Smartness as a cultural practice in schools. *American Educational Research Journal, 49*(3), 438-460.

Hatt, B., & Urrieta, L. (2020). Contesting the Alamo and smartness: Theorizing student identities, agency, and learning within the contentious practices of US classrooms. *Theory Into Practice, 59*(2), 202-212.

Hill, P. L., Burrow, A. L., & Bronk, K. C. (2016). Persevering with positivity and purpose: An examination of purpose commitment and positive affect as predictors of grit. *Journal of Happiness Studies, 17*(1), 257-269.

Hilppö, J., Lipponen, L., Kumpulainen, K., & Virlander, M. (2016). Sense of agency and everyday life: Children's perspective. *Learning, Culture and Social Interaction, 10*, 50-59.

Hoffman, J. V., & Duffy, G. G. (2016). Does thoughtfully adaptive teaching actually exist? A challenge to teacher educators. *Theory Into Practice, 55*(3), 172-179.

Holland, D., & Lave, J. (2009). Social practice theory and the historical production of persons. *Action: An International Journal of Human Activity Theory, 2*, 1-15.

Holland, D. C., Lachicotte, W., Skinner, D., & Cain, C. (2001). *Identity and agency in cultural worlds.* Harvard University Press.

hooks, b. (1990). Homeplace (a site of resistance). In b. hooks, *Yearning: Race, gender, and cultural politics* (pp. 383-390). South End Press.

Howard, C. M., & Miller, S. (2018). Pay-for-performance reform programs: It's more than the money! *Urban Education.* https://doi.org/0.1177/0042085918801436

Inden, R. (1990). *Imagining India.* Wiley.

Ivey, G., & Johnston, P. H. (2013). Engagement with young adult literature: Outcomes and processes. *Reading Research Quarterly, 48*(3), 255-275.

Jackson, D. B. (2003). Education reform as if student agency mattered: Academic microculture and student identity. *Phi Delta Kappan, 84*(8), 579-585.

Jackson, P. N. (1968). *Life in classrooms.* Holt, Rinehart and Winston.

Jiang, S., Shen, J., Smith, B. E., & Kibler, K. W. (2020). Science identity development: How multimodal composition mediates student role-taking as scientist in a media-rich learning environment. *Educational Technology Research and Development, 68,* 3187-3182.

Johnson, C. (2017). Learning basic programming concepts with game maker. *International Journal of Computer Science Education in Schools, 1*(2), 1-20.

Johnson, J. (2019). Using found poetry to cultivate student literacy, empathy, and creativity. *Social Studies Research and Practice, 14*(3), 335-348.

Johnston, P. H. (2004). *Choice words: How our language affects children's learning.* Stenhouse.

Johnston, P., Dozier, C., & Smit, J. (2016). How language supports adaptive teaching through a responsive learning culture. *Theory Into Practice, 55*(3), 189-196.

Keiler, L. S. (2018). Teachers' roles and identities in student-centered classrooms. *International Journal of STEM Education, 5*(1), 34.

Kohli, R., Pizarro, M., & Nevarez, A. (2017). The "new racism" of K-12 schools: Centering critical research on racism. *Review of Research in Education, 41*(1), 182-202.

Koshy, S. I., & Mariano, J. M. (2011). Promoting youth purpose: A review of the literature. *New Directions for Youth Development, 2011*(132), 13-29.

Kuby, C., & Vaughn, M. (2015). Young children's identities becoming: Exploring agency in the creation of multimodal literacies. *Journal of Early Childhood Literacy, 15*(1), 1-40.

Lewis, C., Enciso, P. E., & Moje, E. B. (Eds.). (2007). *Reframing sociocultural research on literacy: Identity, agency, and power*. Erlbaum.

Lortie, D. (1975). *Schoolteacher: A sociological study*. University of Chicago Press.

Madda, C. L., Griffo, V. B., Pearson, P. D., & Raphael, T. E. (2011). Balance in comprehensive literacy instruction: Evolving conceptions. In L. M. Morrow & L. B. Gambrell (Eds.), *Best practices in literacy instruction* (4th ed.) (pp. 37-63). Guilford.

Mariano, J. M., Going, J., Schrock, K., & Sweeting, K. (2011). Youth purpose and the perception of social supports among African-American girls. *Journal of Youth Studies, 14*(8), 921-937.

Marinak, B. A., & Gambrell, L. B. (2016). *No more reading for junk: Best practices for motivating readers*. Heinemann.

Mariscal, K., Velasquez, Y., Aguero, A., & Urrieta, L. (2017). Latina urban education: At the crossroads of intersectional violence. In W. T. Pink & G. W. Noblit (Eds.), *International handbook of urban education* (2nd ed., pp. 875-886). Springer.

Massey, D. D., & Wall, A. (2020). Cultivating teacher candidates who support student agency: Four promising practices. *Theory Into Practice, 59*(2), 172-181.

Mayes, E., Bakhshi, S., Wasner, V., Mohammad, M., Bishop, D. C., Groundwater-Smith, S., Prior, M., Nelson, E., McGregor, J., Carson, K., Webb, R., Flashman, L., McLaughlin, C., & Cowley, E. (2017). What can a conception of power do? Theories and images of power in student voice work. *International Journal of Student Voice, 2*(1), 1-44.

McLaren, P. (2008). Critical pedagogy: A look at the major concepts. In A. Darder, M. P. Baltodano, & R. D. Torres (Eds.), *The critical pedagogy reader* (pp. 61-81). Routledge.

Mehta, J. (2015, April 17). The problem with grit. *Education Week*. https://

blogs.edweek.org/edweek/learning_deeply/2015/04/the_problem_with_grit.html

Mendoza, E., Kirshner, B., & Gutierrez, K. D. (Eds.). (2018). *Power, equity and (re)design: Bridging learning and critical theories in learning ecologies for youth.* IAP.

Merga, M. K., & Mat Roni, S. (2018). Children's perceptions of the importance and value of reading. *Australian Journal of Education, 62*(2), 135-153.

Merritt, J., Lee, M. Y., Rillero, P., & Kinach, B. M. (2017). Problem-based learning in K-8 mathematics and science education: A literature review. *Interdisciplinary Journal of Problem-Based Learning, 11*(2). DOI: https://doi.org/10.7771/1541-5015.1674

Mitra, D. (2004). The significance of students: Can increasing "student voice" in schools lead to gains in youth development? *Teachers College Record, 106*(4), 651-688.

Moses, L., Rylak, D., Reader, T., Hertz, C., & Ogden, M. (2020). Educators' perspectives on supporting student agency. *Theory Into Practice, 59*(2), 213-222.

National Governors Association Center for Best Practices & Council of Chief State School Officers. (2010). *Common Core state standards for English language arts and literacy in history/social studies, science, and technical subjects.* Authors.

Nieto, S. (2006). Teaching as political work: Learning from courageous and caring teachers. Paper given during the annual Longfellow Lecture. Sarah Lawrence College. https://www.sarahlawrence.edu/media/cdi/pdf/Occasional%20Papers/CDI_Occasional_Paper_2006_Nieto.pdf

No Child Left Behind Act of 2001, Public Law No.107-110, 20 U.S.C. § 6319 (2002).

Oakeshott, M., & Fuller, T. (1989). *The voice of liberal learning: Michael Oakeshott on education.* Yale University Press.

Onosko, J. (2011). Race to the Top leaves children and future citizens behind: The devastating effects of centralization, standardization, and high stakes accountability. *Democracy and Education*, *19*(2). https://democracyeducationjournal.org/home/vol19/iss2/1

Pearson, P. D., & Gallagher, M. C. (1983). The instruction of reading comprehension. *Contemporary Educational Psychology*, *8*(3), 317-344.

Pearson, P. D., Raphael, T. E., Benson, V. L., & Madda, C. L. (2007). Balance in comprehensive literacy instruction: Then and now. In L. B. Gambrell, L. M. Morrow, & M. Pressley (Eds.), *Best practices in literacy instruction* (2nd ed., pp. 30-54). Guilford.

Pintrich, P., & Garcia, T. (1993). Intraindividual differences in students' motivation and self-regulated learning. *German Journal of Educational Psychology*, *7*(3), 99-107.

Pintrich, P. R., & Garcia, T. (2012). Self-regulated learning in college students: Knowledge, strategies, and motivation. In P. R. Pintrich, D. Brown, & C. E. Weinstein (Eds), *Student motivation, cognition, and learning* (pp. 129-150). Routledge.

Pizzolato, J. E., Brown, E. L., & Kanny, M. A. (2012). Purpose plus: Supporting youth purpose, control, and academic achievement. *New Directions for Student Leadership*, *132*, 75-88.

Pressley, M., Allington, R. L., Wharton-McDonald, R., Block, C. C., & Morrow, L. M. (2001). *Learning to read: Lessons from exemplary first-grade classrooms*. Guilford.

Purcell-Gates, V., Duke, N. K., & Martineau, J. A. (2007). Learning to read and write: Roles of authentic experience and explicit teaching. *Reading Research Quarterly*, *42*(1), 8-45.

Quinn, S., & Owen, S. (2016). Digging deeper: Understanding the power of "student voice." *Australian Journal of Education*, *60*(1), 60-72.

Raphael, T. E., Florio-Ruane, S., & George, M. (2001). Book club "plus": A conceptual framework to organize literacy instruction. *Language Arts*, 79(2), 159-168.

Ravitch, D. (Ed.). (2010). *Debating the future of American education: Do we meet national standards and assessments?* Brookings Institution.

Reeve, J., & Shin, S. H. (2020). How teachers can support students' agentic engagement. *Theory Into Practice*, 59(2), 150-161.

Reyes, R., III. (2009). "Key interactions" as agency and empowerment: Providing a sense of the possible to marginalized, Mexican-descent students. *Journal of Latinos and Education*, 8(2), 105-118.

Robertson, D. A., Padesky, L. B., & Brock, C. H. (2020). Cultivating student agency through teachers' professional learning. *Theory Into Practice*, 59(2), 192-201.

Rogoff, B., Callanan, M., Gutierrez, K. D., & Erickson, F. (2016). The organization of informal learning. *Review of Research in Education*, 40(1), 356-401.

Ryan, R. M., & Deci, E. L. (2000). Self-determination theory and the facilitation of intrinsic motivation, social development, and well-being. *American Psychologist*, 55(1), 68-78.

Ryan, R. M., & Deci, E. L. (2017). *Self-determination theory: Basic psychological needs in motivation, development, and wellness.* Guilford.

Sawyer, R. K. (2004). Creative teaching: Collaborative discussion as disciplined improvisation. *Educational Researcher*, 33(2), 12-20.

Scherff, L. (2005). *Thirteen years of schooling: What students really think.* Scarecrow Education.

Schipper, T. M., van der Lans, R. M., de Vries, S., Goei, S. L., & van Veen, K. (2020). Becoming a more adaptive teacher through collaborating in lesson study? Examining the influence of lesson study on teachers' adaptive teaching practices in mainstream secondary education. *Teaching and Teacher Education*, 88, 102961.

Sergiovanni, T. J. (2001). *Leadership: What's in it for schools?* Routledge.

Sharma, A. (2008). Making (electrical) connections: Exploring student agency in a school in India. *Science Education, 92*(2), 297-319.

Shulman, L. S., & Shulman, J. (2004). How and what teachers learn: A shifting perspective. *Journal of Curriculum Studies, 36,* 257-271.

Snyder, C. R., Harris, C., Anderson, J. R., Holleran, S. A., Irving, L. M., Sigmon, S. T., & Harney, P. (1991). The will and the ways: Development and validation of an individual-differences measure of hope. *Journal of personality and social psychology, 60*(4), 570-585.

Souto-Manning, M. (2010). *Freire, teaching, and learning: Culture circles across contexts* (Vol. 350). Peter Lang.

Summers, J. J., & Falco, L. D. (2020). The development and validation of a new measure of adolescent purpose. *The Journal of Experimental Education, 88*(1), 47-71.

Tal, T., Krajcik, J. S., & Blumenfeld, P. C. (2006). Urban schools' teachers enacting project-based science. *Journal of Research in Science Teaching, 43*(7), 722-745.

Tobin, K., & Llena, R. (2010). Producing and maintaining culturally adaptive teaching and learning of science in urban schools. In C. Murphy & K. Scantlebury (Eds.), *Coteaching in international context: Cultural studies of science education* (pp. 79-103). Springer.

Toshalis, E. (2015). *Make me! Understanding and engaging student resistance in school.* Harvard Education Press.

Tran, L. T., & Vu, T. T. P. (2018). "Agency in mobility": Towards a conceptualisation of international student agency in transnational mobility. *Educational Review, 70*(2), 167-187.

Turner, J. C. (1995). The influence of classroom contexts on young children's motivation for literacy. *Reading Research Quarterly, 30*(3), 410-441.

Tyack, D., & Cuban, L. (1997). *Tinkering toward utopia: A century of public school reform*. Harvard University Press.

U.S. Department of Education. (2009, November). *Race to the Top program executive summary*. https://www2.ed.gov/programs/racetothetop/index.html

U.S. Department of Education. (2015). *Every Student Succeeds Act (ESSA)*. https://www.ed.gov/ESSA

van Lier, L. (2008). Agency in the classroom. In J. P. Lantolf & M. E. Poehner (Eds.), *Sociocultural theory and teaching of second languages* (pp. 1-14). Equinox.

Vaughn, M. (2013). Examining teacher agency: Why did Les leave the building? *New Educator*, *9*(2), 119-134.

Vaughn, M. (2014). The role of student agency: Exploring openings during literacy instruction. *Teaching and Learning: The Journal of Natural Inquiry & Reflective Practice*, *28*(1), 4-16.

Vaughn, M. (2016). Re-envisioning literacy in a teacher inquiry group in a Native American context. *Literacy Research and Instruction*, *55*(1), 24-47.

Vaughn, M. (2018). Making sense of student agency in the early grades. *Phi Delta Kappan*, *99*(7), 62-66.

Vaughn, M. (2019). Adaptive teaching during reading instruction: A multicase study. *Reading Psychology*, *41*(1), 1-33.

Vaughn, M. (2020). What is student agency and why is it needed now more than ever? Student agency: Theoretical implications for practice. *Theory Into Practice*, *59*(2), 109-118.

Vaughn, M., & Faircloth, B. (2013). Teaching with a purpose in mind: Cultivating a vision for teaching. *The Professional Educator*, *37*(2), 1-12.

Vaughn, M., & Kuby, C. R. (2019). Fostering critical, relational visionaries: Autoethnographic processes in teacher education. *Action in Teacher Education*, *41*(2), 117-136.

Vaughn, M., & Parsons, S. A. (2013). Teachers as innovators: Instructional adaptations opening spaces for enhanced literacy learning. *Language Arts Journal, 91*(2), 303–309.

Vaughn, M., Premo, J., Erickson, D., & McManus, C. (2020). Student agency in literacy: Validation of the Student Agency Profile (StAP). *Reading Psychology, 42*(1), 533–558.

Vaughn, M., Premo, J. T., Sotirovska, V., & Erickson, D. (2019). Evaluating agency in literacy using the Student Agency Profile (StAP). *The Reading Teacher, 73*(4), 427–441.

Vaughn, M., Scales, R. Q., Stevens, E., Kline, S., Barrett-Tatum, J., Van Wig, A., Yoder, K. K., & Wellman, D. (2019). Understanding literacy adoption policies across contexts: A multi-state examination of literacy curriculum decision-making. *Journal of Curriculum Studies.* https://doi.org/10.1080/00220272.2019.1683233

Veiga, F., Garcia, F., Reeve, J., Wentzel, K., & Garcia, O. (2015). When adolescents with high self-concept lose their engagement in school. *Revista de Psicodidactica, 2*, 305–320.

Vygotsky, L. S. (1978). *Mind in society: The development of higher psychological processes.* Harvard University Press.

Wan, G., & Gut, D. M. (Eds.). (2011). *Bringing schools into the 21st century* (Vol. 13). Springer.

Webb, S., Massey, D., Goggans, M., & Flajole, K. (2019). Thirty-five years of the gradual release of responsibility: Scaffolding toward complex and responsive teaching. *The Reading Teacher, 73*(1), 75–83.

Wehmeyer, M. L., Kelchner, K., & Richards. S. (1996). Essential characteristics of self-determined behaviors of adults with mental retardation and developmental disabilities. *American Journal on Mental Retardation, 100*, 632–642.

Wenger, E. (1998). *Communities of practice: Learning, meaning, and identity.* Cambridge University Press.

Wigfield, A., & Cambria, J. (2010). Students' achievement values, goal orientations, and interest: Definitions, development, and relations to achievement outcomes. *Developmental Review*, *30*(1), 1-35.

Wigfield, A., & Eccles, J. S. (2000). Expectancy-value theory of achievement motivation. *Contemporary Educational Psychology*, *25*, 68-81.

Winne, P. H., & Marx, R. W. (1982). Students' and teachers' views of thinking processes for classroom learning. *The Elementary School Journal*, *82*(5), 493-518.

Wortham, S. (2006). *Learning identity: The joint emergence of social identification and academic learning*. Cambridge University Press.

Yen, C. J., Konold, T. R., & McDermott, P. A. (2004). Does learning behavior augment cognitive ability as an indicator of academic achievement? *Journal of School Psychology*, *42*(2), 157-169.

York, A., & Kirshner, B. (2015). How positioning shapes opportunities for student agency in schools. *Teachers College Record*, *117*(13), 103-118.

Zaccor, K. M. (2018). Connecting with students through a critical, participatory curriculum: An exploration into a high school history teacher's construction of teacher-student relationships. *Urban Education*. https://doi.org/10.1177/0042085918794779

Zhang, H., Estabrooks, L., & Perry, A. (2019). Bringing invention education into middle school science classrooms: A case study. *Technology & Innovation*, *20*(3), 235-250.

찾아보기

인명

A

Abodeeb-Gentile, T. 47

Alvermann, D. E. 28

Ainley, M. 87

Apple, M. 161

Applegate, K. 61

Archer, M. 48, 59, 84

Au, W. 26, 163

B

Bakhtin, M. M. 73, 120-121, 144, 186

Ball, C. 86

Bandura, A. 48, 59, 68

Barron, B. 180

Barton, A. C. 93-94, 202

Basu, S. 42

Bates, C. C. 208

Berliner, D. 45

Beucher, R. 207

Biesta, G. 26

Bilac, S. 42

Bloome, D. 49

Botzakis, S. 26

Boyd, M. P. 189

Brasof, M. 126

Brenner, D. 105

Bronk, K. C. 61, 64

Brown, R. 27, 110, 111, 149, 206

C

Cambria, J. 86

Cammarota, J. 145

Campano, G. 95, 129, 145, 190, 202

Cavagnetto, A. R. 30, 206

Certo, J. 31

Christian, B. 49

Clarke, S. N. 80

Cochran-Smith, M. 190, 192, 207

Cook-Sather, A. 47, 125, 145, 165

Cooren, F. 144

Cowie, B. 145

Cramer, E. 89

Cuban, L. 103

Czerniewicz, L. 85

D

Damon, W. 61

Daniels, H. 180

D'Arcy, C. 110

내용

저자 소개

마거릿 본(Margaret Vaughn)은 워싱턴 주립대학교
의 부교수이다. 교육적 맥락이 학생 주도성을 지원
할 수 있는 방법과 문해력 학습 및 교사 실천의 다양
한 관점에 대한 논문을 여러 편 썼다. 문해력연구협
회 연구 논문상(2020), 미국교육 연구협회(AERA) 논
문 리뷰상(2019), AERA 교실관찰 모범 논문상(2018),

교사 교육자 협회(ATE) 교사교육 우수 연구상(2017), 해슬렛 우수 교수상
(2013~2014), 호레이스만 전국 교사 교육상(2007) 등을 수상하였으며, 초
등학교 지원에 많은 노력을 아끼지 않고 있다. 학생들의 문화적 배경과 언
어적 강점을 지원하는 데 중점을 두고, 모든 학생에게 의미 있는 읽고 쓸 수
있는 기회를 지원하기 위해 교사들과 함께 전문적인 개발에 지속적으로 참
여하고 있다.

역자 소개

김영민(Kim, Youngmin)

대구교육대학교 영어교육과 교수이며, 교육대학원의 석사학위 과정인 '국제교육(IB)' 전공 주임을 맡고 있다. 주요 관심 분야는 영어 수업의 상호작용과 교수, 학습 전략이며, 최근 우연히 국제 바칼로레아(IB) 교육을 접하면서 동료 교수, 현장 교사들과 즐거이 협업 중이다.

최진(Choi, Jin)

대구교육대학교 교육학과 조교수이다. 나의 실존적 욕망과 관심을 공적으로 들여다보고 표현하는 것이 곧 교육철학적 작업이라고 생각하며 즐거이, 그리고 조금은 고통스럽게(?) 공부 중이다. 주요 관심사는 미적 교육과 예술교육을 통한 정치적 존재 방식의 함양 등이며, 국제 바칼로레아(IB)의 원리가 우리나라 교실을 변화시키는 현상에 주목하고 있다.

박소영(Park, Soyoung)

대구광역시교육청의 장학사이다. 국제 바칼로레아(IB) 초등학교 프로그램(PYP) 초창기 업무를 담당하면서 학교의 철학, 조직, 자원을 움직이는 시스템, 그리고 학생과 교사의 주도성에 눈을 뜨게 되었다. 주요 관심사는 초등학교 교육과정 실행과 교사 전문성이다. 기회가 닿을 때마다 학교 현장을 두루 살피며 지원하는 방법을 찾는 중이다.

최윤성(Choe, Yunsung)

대구동덕초등학교 교감이며, 전 경북대학교사범대학부설초등학교 교감 겸 PYP코디네이터(2018~2022)로서 우리나라 국공립학교 최초 IB월드스쿨을 탄생시키는 데 헌신했다. 주요 관심 분야는 공립초등학교에서 효율적인 PYP수업 실천이고 이에 각 교실을 두루 탐방하며 교사들과 협업하고 있다.

교사와 함께 성장하는
학생 주도성
자기주도적 학습을 넘어 학생 행위주체성으로
Student Agency in the Classroom:
Honoring Student Voice in the Curriculum

2023년 1월 20일 1판 1쇄 발행
2024년 1월 25일 1판 4쇄 발행

지은이 • Margaret Vaughn
옮긴이 • 김영민 · 최 진 · 박소영 · 최윤성
펴낸이 • 김 진 환
펴낸곳 • (주) **학지사**

　　　　　04031 서울특별시 마포구 양화로 15길 20 마인드월드빌딩 5층

대표전화 • 02) 330-5114　　　팩스 • 02) 324-2345

등록번호 • 제313-2006-000265호

홈페이지 • http://www.hakjisa.co.kr
인스타그램 • https://www.instagram.com/hakjisabook

ISBN 978-89-997-2805-1　93370

정가 15,000원

출판미디어기업 **학지사**

간호보건의학출판 **학지사메디컬** www.hakjisamd.co.kr
심리검사연구소 **인싸이트** www.inpsyt.co.kr
학술논문서비스 **뉴논문** www.newnonmun.com
원격교육연수원 **카운피아** www.counpia.com